SF의 아버지 쥘 베른이 그린 달 세계 여행 상상도. 이를 보고 마음을 빼앗긴 아이들 중에서 '로켓의 아버지'가 탄생했고, 100년 후에 아폴로 계획으로 실현됐다. Image : NASA

'인간의 상상은 모두 이루어질 수 있다'는 쥘 베른의 생각을 표현하는 유명한 말이다. 상상력이야말로 우주 개발의 진짜 원동력이었다. 왼쪽부터 V2(범퍼), 주노 I, 새턴 V, 스페이스 셔틀, 팰컨9 로켓. (145쪽, 칼럼10 참조)
Image : NASA

▲ 39광년 떨어진 외계행성 트라피스트 1f의 상상도. 이 행성의 표면에는 바다가 있을지도 모른다. (31쪽, 칼럼2 참조)

◀ 트라피스트 1e 여행을 상상하며 그린 관광 포스터. 초승달처럼 보이는 것은 트라피스트 1의 다른 행성. 먼 미래에 인류는 트라피스트 1 외계행성으로 여행할 수 있게 될까?

▼ 트라피스트 1e의 상상도
Image : NASA/JPL-Caltech

우주를 품은 아이

오노 마사히로 지음 | 이혜령 옮김

동양북스

 등장인물

미짱

수다스럽고 호기심이 강하며 약간 불만도 많은 여자아이. 우주와 공룡, 레고, 닭튀김과 독서를 좋아하는 열두 살. 나이보다 어려운 말을 사용한다. 부모님이 스마트폰을 사 주지 않는 것이 가장 큰 불만. 장래에는 과학자와 우주비행사가 되고 싶다. 우주선으로 트라피스트 1의 외계행성에 가서 우주 공룡을 발견하는 것이 꿈이다. 미국 로스앤젤레스 부근에 살고 있다.

아빠

NASA 제트추진연구소에서 우주탐사기를 만들고 있는 엔지니어. 퇴근하면 딸을 끔찍하게 사랑하는 평범한 아빠로 변신. 〈스타워즈〉를 매우 좋아한다. 양말에는 늘 구멍이 나 있다. 좋아하는 음식은 단무지.

곰곰이

미짱이 어렸을 때부터 함께한 친구로, 행동이 굼뜬 곰인형. 말을 할 수 있지만 힘이 많이 들기 때문에 많이 하지는 않는다. 시공을 초월해 멀리 있는 사람을 소환할 수 있는 힘을 가지고 있지만, 귀찮아서 좀처럼 쓰지 않는다. 정체가 무엇인지 스스로도 잘 알지 못하지만 관심도 없다. 손세탁 코스로 빨아주는 것을 매우 좋아한다.

미짱과 아빠의 대화 속에 등장하는 인물들

PART 1 우주 시대의 개막

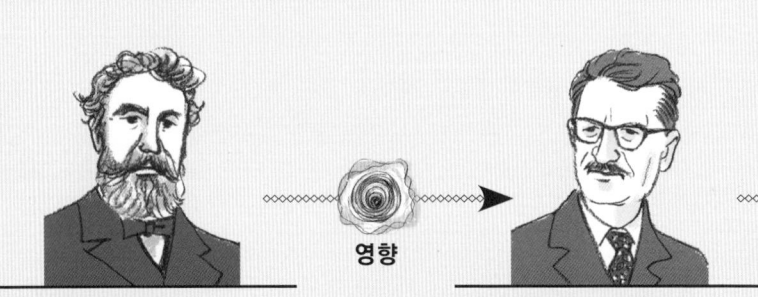

쥘 베른 1828~1905
공상과학 소설(SF)의 작가. 'SF의 아버지'라고 불리며 『지구에서 달까지』, 『해저 2만 리』, 『20일간의 세계일주』등 많은 훌륭한 작품들을 남겼다. 2,3장

오베르트 1894~1989
독일 로켓의 아버지. 달 착륙, 소행성 탐사, 전기 추진, 화성 이주 등 선구적인 연구를 많이 했지만 당시의 학계에서 인정받지 못했다. 6장

고다드 1882~1945
미국 로켓의 아버지. 세계에서 처음으로 액체 연료 로켓을 개발해 탄도 비행에 성공했다. 하지만 당시의 사람들은 그의 업적을 이해하지 못해 많은 비판을 받았다. 5장

치올콥스키 1857~1935
러시아 로켓의 아버지. 현대에서도 사용하고 있는 '로켓방정식'(칼럼4)을 만들어내며 우주공학의 기반을 다졌다. 하지만 당시에는 그의 선견지명을 이해하는 사람이 거의 없어 '칼루가의 괴짜'로 불렸다. 4장

PART 2 천재 로켓 기술자 폰 브라운의 영광과 어둠

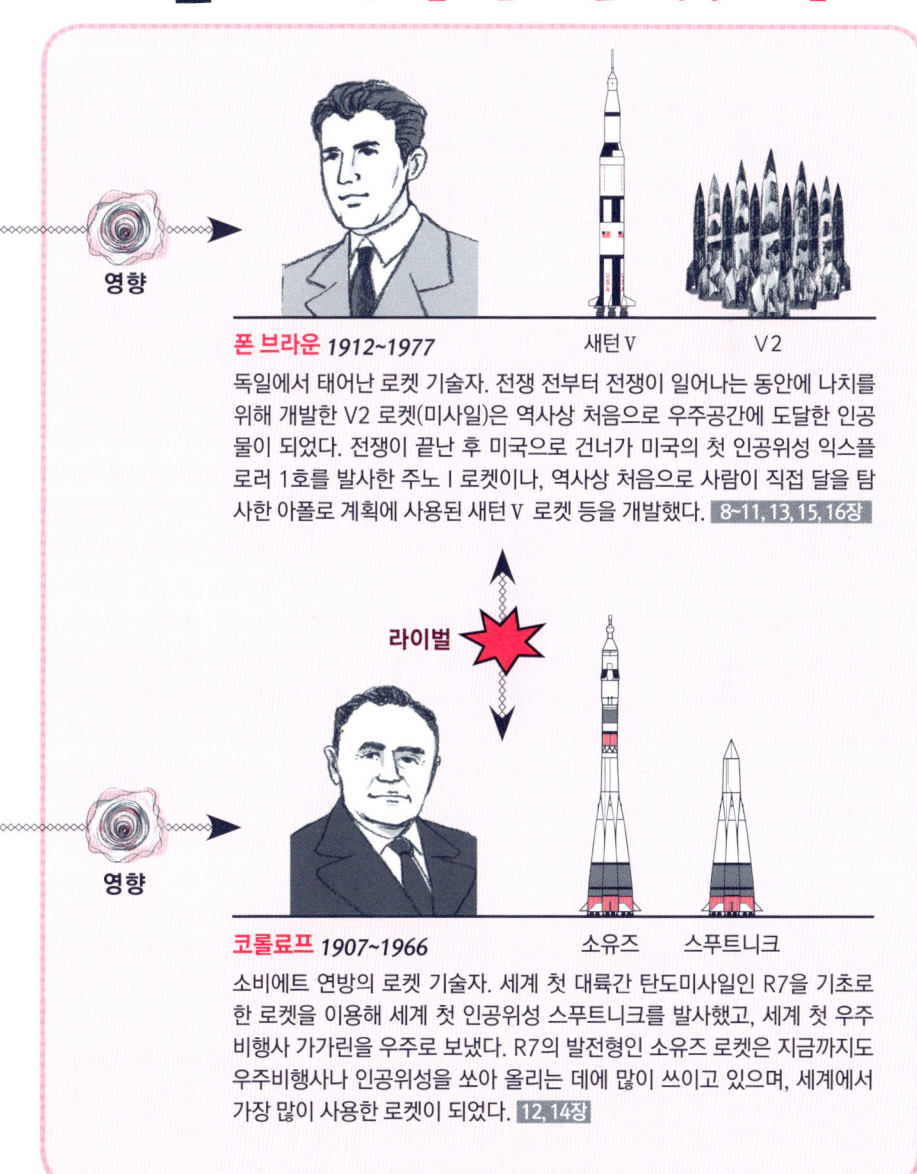

영향

폰 브라운 1912~1977   새턴 V   V2

독일에서 태어난 로켓 기술자. 전쟁 전부터 전쟁이 일어나는 동안에 나치를 위해 개발한 V2 로켓(미사일)은 역사상 처음으로 우주공간에 도달한 인공물이 되었다. 전쟁이 끝난 후 미국으로 건너가 미국의 첫 인공위성 익스플로러 1호를 발사한 주노 I 로켓이나, 역사상 처음으로 사람이 직접 달을 탐사한 아폴로 계획에 사용된 새턴 V 로켓 등을 개발했다. 8~11, 13, 15, 16장

라이벌

영향

코롤료프 1907~1966   소유즈   스푸트니크

소비에트 연방의 로켓 기술자. 세계 첫 대륙간 탄도미사일인 R7을 기초로 한 로켓을 이용해 세계 첫 인공위성 스푸트니크를 발사했고, 세계 첫 우주비행사 가가린을 우주로 보냈다. R7의 발전형인 소유즈 로켓은 지금까지도 우주비행사나 인공위성을 쏘아 올리는 데에 많이 쓰이고 있으며, 세계에서 가장 많이 사용한 로켓이 되었다. 12, 14장

목차

우주 시대의 개막

1 나는 괴짜일까? 012

2 '지구에서 달까지' - 모든 것은 이 SF에서 시작됐다 024

3 SF의 아버지, 쥘 베른의 마음에 머물던 '무언가' 032

4 러시아 로켓의 아버지, 치올콥스키의 로켓방정식 046

5 미국 로켓의 아버지, 고다드의 꿈과 좌절 056

6 독일 로켓의 아버지, 오베르트가 넘겨준 우주를 향한 배턴 074

쉬어가기 🌀 **도넛만큼 달콤한 우주 이야기**

7 우주는 어디에 있을까? 090

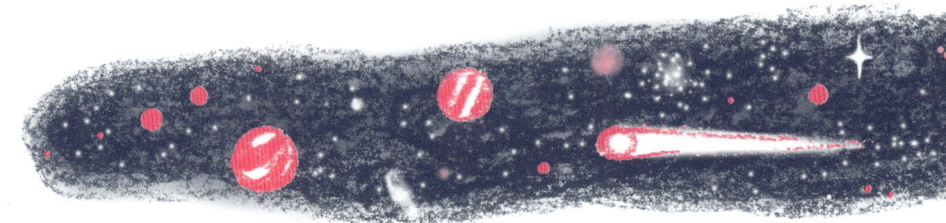

천재 로켓 기술자 폰 브라운의 영광과 어둠

8 사상 처음으로 우주에 간 수수께끼 로켓, V2   104

9 우주를 향한 꿈에 숨어드는 전쟁의 그림자   116

10 슬픔의 로켓   134

11 자유를 향한 도망 – 폰 브라운, 미국으로 건너가다   148

12 소련의 천재 로켓 기술자, 코롤료프   160

13 그래도 꿈을 포기하지 않는다   176

14 스푸트니크는 노래한다   188

15 드디어 찾아온 기회 – 익스플로러 1호, 우주로!   202

16 지구에서 달까지 – 인간의 상상은 모두 이루어질 수 있다   218

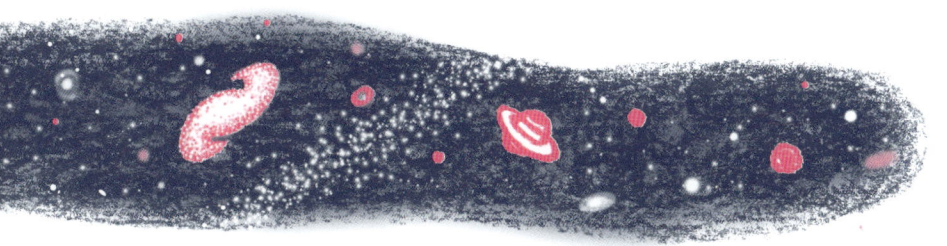

칼럼 목차

짧은 칼럼	토성은 물에 뜰까?	015
칼럼 1	화성에는 높은 산이 많다고?	022
칼럼 2	트라피스트 1 행성에 펼쳐진 세계	030
칼럼 3	삼각무역-낭트가 남긴 '아픈 역사'	043
칼럼 4	간단히 알아보는 로켓방정식!	053
칼럼 5	외계행성-태양계는 약간 이상하다?	070
칼럼 6	유명한 과학자는 '괴짜'들이다?	085
칼럼 7	우주의 숨은 주인공, 다크매터와 다크에너지	100
칼럼 8	우주 로켓의 조상은 탄도미사일?	113
칼럼 9	수학을 못해도 과학자나 기술자가 될 수 있을까?	131
칼럼 10	모두 모여라, 우주 로켓들!	144
칼럼 11	아인슈타인의 상대성 이론과 원자폭탄	157
칼럼 12	지구로 귀환, 달·화성·금성으로 착륙	172
칼럼 13	NASA 제트추진연구소란 어떤 곳일까?	186
칼럼 14	모두 모여라 우주선, 우주탐사기	198
특별칼럼	우주의 꿈을 한국에서도!	214

미짱 아빠의 질문 230

사건 연대표 232

후기와 감사의 말씀(한국어 판) 234

PART 1

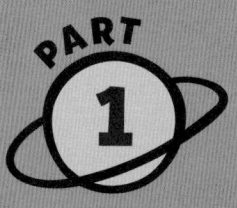

우주 시대의 개막

1

나는 괴짜일까?

아빠가 일을 마치고 돌아와 문을 열자, 미짱이 조립하던 레고 조각을 내팽개치고 달려왔다. 입이 문어만큼이나 비죽 나와 있는 것이, 꽤나 큰 불만이 있는 모양이다. 아빠는 마음의 준비를 했다.

"아빠 있잖아, 아빠, 아빠, 아빠빠빠빠빠아아!"

"그래, 그래, 그래, 그래, 듣고 있어요!"

"오늘 선생님이 '세계에서 제일 높은 산은 뭘까요'하고 물어보셨단 말이야."

"응, 응."

"내가 제일 먼저 손을 들었지."

"그래."

"올림포스산이라고 대답했어."

"……아아, 화성에 있는 산 말이지. 잘 알고 있네."

"그랬더니 틀렸다지 뭐야!"

"으응. 그래?"

"세계에서라는 게 무슨 뜻이야? 지구만 세계인가? 올림포스산은 에베레스트보다 2.4배는 높잖아. 아니, 에베레스트보다 높은 산은 태양계에 잔뜩 있는걸!"

"……그래서, 선생님은 뭐라고 하셨어?"

"상식적으로 말해서 세계는 지구라는 뜻이라고 하셨어!"

"흐음……."

"뭐야, 그 상식이란 건. 지금이 16세기인가?"

"뭐, 상식이란 건 주관적인 거니까……."

"거기다, 이전 수업 참관 때 일 기억하지?"

"……음, 뭐였더라?"

"선생님이 '물에 뜨는 것은 무엇이 있을까요'하고 물어보셨잖아."

"아아, 그래서 미짱이 '토성'이라고 답했더니 교실이 썰렁해졌었지."

"토성은 '것'이 아니라니, 누가 언제 그런 법을 만들었단 거야!"

"그래. 그건 좀 그랬었지."

"꿈을 이야기했던 때도……."

"음……, 무슨 얘기였더라?"

"꿈에 대해서 글을 쓰고 낭독한 다음에 모두에게 질문을 받았을 때 말이야."

"아아, 트라피스트……."

"맞아! 트라피스트 1은 태양에서 39광년 거리에 있는 별이고, 7개의 지구형 행성을 가지고 있잖아. 게다가 그중에 3개의 행성이 지표에 액체 상태의 물이 존재할지도 모르는 해비터블존

짧은 칼럼

토성은 물에 뜰까?

물과 비교해 비중이 1보다 크면 물에 가라앉고, 1보다 작으면 떠오릅니다. 거의 암석으로 이루어진 지구의 비중은 5.5, 얼음이 대부분을 차지하는 해왕성은 1.6, 거대가스 행성인 목성은 1.3입니다. 한편 토성의 비중은 0.7밖에 되지 않아요. 즉, 비중만을 생각한다면 토성은 물에 뜹니다.

그러면 토성을 그대로 띄울 수 있을 정도로 커다란 수영장이 있다면 정말로 토성이 물에 뜰까요? 아쉽게도 엄청나게 많은 양의 물과 중력 때문에 물에 동동 뜨기 전에 토성이 파괴되고 말겠지요.

Habitable Zone, 생명체가 살 수 있는 지역에 있다구! 그중에는 지구 외의 생명체가 살고 있는 행성이 있을지도 모르고, 어쩌면 중생대 지구처럼 육상 생물이 대형으로 자랄 수 있게 만들어 주는 요인이 있을지도 모르잖아! 그러니까 공룡처럼 엄청 큰 생물이 있을지도 모른다고! 거기에 39광년이라니, 우주의 규모로 따지고 보면 이웃이라고 할 수 있을 정도로 가까운 거리잖아! 그래서 내 꿈은 항성간비행을 할 수 있는 우주선을 만든 다음 트라피스트 1에 가서 우주 공룡을 발견하는 거라고 한 거야."

"……그렇구나. 그랬더니?"

"교실 분위기가 썰렁……."

"그렇겠지……."

"휴우."

미짱은 무거운 한숨을 쉬었다.

"대체 왜 선생님도 친구들도 내 이야기를 몰라주는 걸까……. 있지, 아빠……."

"응?"

"있잖아……."

잠시 조용해졌다. 미짱의 안경 너머로 점점 눈물이 차오르는 모습이 보여 아빠는 조금 당황했다. 저기 깊은 곳에서 겨우 말을 짜내듯, 미짱은 작은 목소리로 말했다.

"……난, 이상한 사람이야?"

"으응? 왜 그렇게 생각해?"

"빅터가 그랬어……. 평범한 여자애는 공룡 같은 걸 좋아하지 않는다고."

"그런 게 어딨어! 남들과 다르다는 건 멋진 일이야."

"얼마 전에도 안경을 꼈다면서 놀림당했잖아……."

"그건 미짱이 책을 많이 읽고 있다는 증거지."

"그래도 왜 나만 자꾸 그런 말을 듣는 걸까……."

아빠가 미짱의 머리를 자상하게 쓰다듬었다. 미짱의 눈에 눈물이 차올라 뺨을 타고 흘러내렸다.

"……게다가 미아나 에밀리도 요즘에는 왠지 별로 대화에 끼워 주질 않아. 전에는 같이 그리피스 천문대 같은 곳에도 가서 재미있게 놀았는데. 요즘엔 어떤 남자애가 좋다든가, 싫다든가 그런 이야기만 해. 트라피스트 이야기를 꺼내도 전혀 재밌어하질 않기에 좀 더 친근한 이야기를 해 보면 좋을까 싶어서 화성이나 에우로파옮긴이 설명: 목성을 도는 위성 중 하나 같은 이야기를 꺼냈더니 이상하게 반응이 더 나빠졌어. 그럼 공룡에는 관심이 있을까 싶어서 프테라노돈 같은 익룡은 사실 공룡에 포함되지 않는다고 했는데 내가 말하는 도중에 '어머, 아는 것도 참 많네'하고 차갑게 쏘아붙여서 이야기가 끊겨 버리고……."

"으음……."

"나는 진짜 이상한 사람이야……? 평범한 여자아이가 되지 않으면 친구들과 어울리지 못하는 거야……?"

이번에는 아빠가 조용해졌다. 무언가를 생각하고 있는 모습이었다. 그리고 이유는 알 수 없지만 빙그레 웃어 보였다. 그걸 본 미짱은, 눈물이 그렁그렁한 채 양갈래 머리를 휘날리더니 '탕'하고 책상을 치며 화를 냈다.

"뭐야, 아빠!"

"응?"

"왜 웃는 거야! 아빠도 나를 이상하다고 생각하는 거야? 아빠 딸은 심각하게 고민하고 있는데!"

"미안, 미안. 그게 아니라, 아빠도 옛날에는 이상하단 소리를 많이 들어서 종종 고민했었거든."

"아빠가 괴짜라서 나도 괴짜가 된 거야? 그런 유전자를 주면 어떻게 해!"

"진정해, 화내지 말고. 좋은 걸 줄 테니까."

그렇게 말하면서 미짱의 아빠는 가방을 내려놓고 침실로 들어갔다. 미짱이 안경을 벗고 눈물을 닦으며 기다리고 있는 사이, 아빠는 책을 한 권 들고 돌아왔다.

"여기."

아빠가 들고 온 책을 미짱에게 건넸다. 빨간 테두리가 쳐진 고풍스러운 디자인의 표지였다. 먼지를 털고 보니 금박이 씌워진 부분이 반짝반짝 빛났다.

"이게 뭐야? 이걸 읽으면 평범한 여자아이가 되는 거야?"

"아니야. 그 반대일걸."

"더 이상한 아이가 되는 거야? 싫단 말이야!"

"이건 말이지, 미짱이 동경하는 사람들이 어렸을 적에 읽었던 책이야."

"누구?"

"로켓의 아버지하면?"

"치올콥스키! 고다드! 오베르트!"

"딩~동~댕! 정답입니다!"

미짱의 표정이 조금 밝아졌다.

"모두들 이 책을 읽었어?"

"응."

"모두 괴짜였던 거야……?"

"그야 뭐."

미짱은 이해할 수 없다는 표정으로 책 표지를 바라봤다.

칼럼 1 화성에는 높은 산이 많다고?

이것은 화성의 고도를 나타내는 지도로 표고가 높은 장소는 빨간색으로, 낮은 장소는 남색으로 표시되어 있습니다. 화성에는 지구보다도 훨씬 높은 산이나 계곡이 있습니다. 화성은 도대체 어떤 행성일까요?

북반구의 저지대
화성의 북반구 대부분은 평지로 이루어져 있으며 비교적 새로 생긴 저지대가 많다. 옛날에는 바다가 있었을지도 모른다.

바이킹 2호

퍼서비어런스

예제로 분화구
35억 년 전에는 호수였던 직경 약 50km의 분화구. NASA의 새로운 화성로버 퍼서비어런스(칼럼 14 참조)가 2021년에 착륙한 장소. 과거 화성에 있었을지도 모르는 생물의 증거를 탐사한다.

인사이트

화성의 적도

큐리오시티

헤라스 평원
직경 2,300km의 거대한 분화구. 바깥 테두리부터 잰 깊이는 9km나 된다. 40억 년 전 거대한 운석의 충돌로 만들어졌다고 추측된다.

스피릿

화성의 직경은 지구의 약 절반, 표면적은 약 4분의 1입니다. 한편, 지구의 육지 면적도 지구 전체의 약 4분의 1로, 화성의 표면적은 지구의 육지 면적과 거의 같습니다. 지표에서의 중력은 지구의 약 3분의 1, 대기압은 100분의 1 이하밖에 되지 않습니다. 평균 기온은 영하 60℃. 적도에서의 최고기온은 20℃, 극단의 최저기온은 영하 150℃입니다.

공기는 심하게 건조하지만 굉장히 드물게 구름이 생길 때도 있습니다. 대략 38억 년 전까지는 좀 더 기후가 온난했고, 지표에는 액체 상태의 물이 있었다고 알려져 있습니다. 어쩌면 거기에서 생명이 탄생하지 않았을까 생각하는 과학자들도 있습니다.

남반구의 고지대
화성 남반구의 대부분은 기복이 심하고 비교적 오래된 고지대들로 이루어져 있다.

↑화성 고도 지도 ©NASA/JPL0Caltech/GSFC   ☆ 화성 탐사기의 착륙 지점

이 화성 고도 지도는 NASA의 마르스 글로벌 서베이어라는 화성 인공위성이 만든 것입니다. 우주에서 화성의 지표에 레이저 광선을 발사한 뒤 광선이 반사하면서 되돌아오는 시간을 계산해 고도를 측정했습니다.

★ 피닉스
©NASA/JPL-Caltech

극관(極冠)
화성의 북극과 남극에는 물이 얼어서 생긴 얼음과 드라이아이스(이산화탄소)가 만든 극관이 있다. 드라이아이스는 여름에는 녹고 겨울에는 언다.

올림포스산(표고 21,287m)
화성에서 제일 높은 산. 하와이의 섬들과 닮은 순상화산(역주: 윗부분이 넓고 평평해 방패와 같이 생긴 산). 이 산의 면적은 한반도 전체 면적의 약 1.5배나 된다.

타르시스 대지
거대한 화산대지. 표고는 약 7,000m로 북미 대륙과 맞먹을 정도의 면적이다.

바이킹 1호 ★

마르스 패스파인더 ★
(역주: 1997년 NASA가 쏘아 올린 무인우주탐사선)

오퍼튜니티 ★
(역주: 2003년 화성에 착륙한 NASA의 로버)

타르시스 3산
타르시스 지대에 나란히 줄지어 서 있는 높은 봉우리. 북쪽부터 아스크레우산(표고 18,209m), 파보니스산(표고 14,037m), 아르시아산(표고 17,779m)이며 모두 에베레스트보다 높다.

마리네리스 협곡
태양계 최대의 골짜기. 깊이 7km, 총 길이는 4,000km에 달하는데 서울에서 부산까지 약 6번 왕복한 거리에 맞먹는다.

높음
낮음

화성에 높은 산이나 깊은 계곡이 있는 이유 중 하나는 지구보다 중력이 낮기 때문이야! 아~ 올라가 보고 싶다, 올림포스산!

파이팅~. 나는 피곤하니까 기슭에서 기다릴게~.

2

'지구에서 달까지' – 모든 것은 이 SF에서 시작됐다

먼지로 뒤덮인 알록달록한 표지는 빨간 테두리가 둘러져 있고 그 안에 사슬로 묶인 채 늘어진 금색의 지구가 그려져 있었다. 윗부분의 빨간 틀에는 고풍스러운 글씨체로 이렇게 새겨져 있었다.

De la Terre à la Lune

"드 라 테레 아……. 무슨 말이야 이건? 주문 같아."

"프랑스어로 『지구에서 달까지』라는 뜻이야. 쥘 베른이 150년도 전에 쓴 SF 소설이지. 달로 여행을 떠나는 이야기야."

쥘 베른

"쥘 베른……, 그게 누구였지? 배운 것 같기도 한데……."

"『80일간의 세계일주』나 『15소년 표류기』를 읽은 적이 있니? 아니면 『해저 2만 리』, 『신비의 섬』, 『지구 속 여행』이라든가."

"아, 알아. 도쿄 디즈니시에 있잖아!"

"그래 그래, 그게 모두 쥘 베른이 쓴 SF 소설지은이 해설: SF란 사이언스 픽션(Science Fiction)의 줄임말로 공상과학 소설을 말한다. 『도라에몽』, 『우주형제』, 『스타워즈』, 『2001년 우주 여행』 등 과학적인 공상을 기초로 만들어 낸 이야기를 뜻한다. 이란다. SF의 아버지라고 불리는 인물이지."

"하지만 난 프랑스어를 할 줄 모르는데. 아빠도 모르잖아."

"이건 우주 개발 역사에서 특별한 의미가 있는 책이야. 이것 봐, 이 사진을 한 번 볼래?"

2008년 쥘 베른의 『지구에서 달까지』가 우주정거장에 도착했다. 이 책을 운반한 유럽 보급기(ATV)에 붙인 이름 역시 '쥘 베른'이었다.
Image : NASA

미짱의 아빠는 책에 끼워져 있던 사진을 꺼내 펼쳐 보였다.

"똑같은 책이 우주정거장까지 갔단다."

"와, 굉장하다! 그런데 이 책이 뭐가 그렇게 특별한 거야?"

"이 SF 소설이 그야말로 모든 것의 시작이었어. 인류의 우주 개발에 있어서 말이야."

"그러니까 치올콥스키나 고다드, 오베르트는 이 책을 읽고 '로켓의 아버지'가 됐다는 뜻이야?"

"그래."

미짱의 눈이 반짝하고 빛났다.

"굉장하다! 나도 이걸 읽으면 로켓을 만들 수 있게 되는 거야?"

"하하하, 그럴지도 모르지. 하지만 로켓을 만드는 방법이 쓰여 있는 건 아니야."

"에이, 그래? 그럼 수학을 잘 하는 비밀이라도 적혀 있을까?"

"그것도 아니지."

"친구가 우주 이야기를 들어주게 되는 비결이라든가……?"

"아쉽지만 그것도 아니야"

"뭐야, 전혀 도움이 안 되잖아. 그럼 이 책의 어떤 점이 특별하다는 건데?"

"무엇일 것 같니?"

"뭔데?"

"맞혀 보렴."

"마법이야?"

"음, 그런 걸지도 모르겠네."

"읽으면 몸이 책 속으로 빨려 들어가는 거야?"

"빨려 들어갈지도 모르겠다!"

"어느새 현실이 가상 현실로 바뀌어 버린다든가!"

"문득 정신을 차려 보면 우주선을 타고 있다든가!"

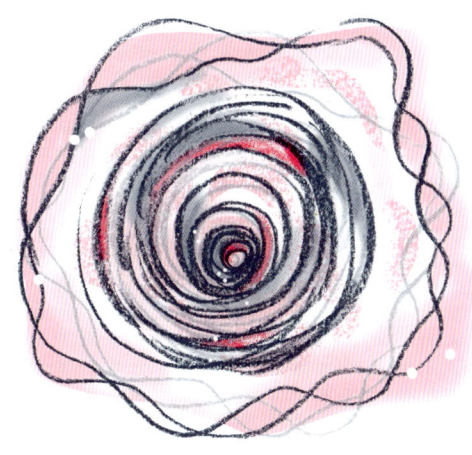

"낙하 개시! 달 표면까지 100미터! 90, 80, 70……."

"선장님, 토끼가 있어요!"

"아니야, 아빠. 아니라구! 달에는 동물도 식물도 없단 말이야. 공기도 없고 낮에는 110℃까지 불타오르지만 밤에는 영하 170℃까지 극한으로 떨어지니까 생물이 살 수 없어."

"그, 그렇구나, 죄송합니다……."

"아, 알았다. 이 책은 멋진 로켓이 나오는 SF라 거기에 반해서 로켓을 만들고 싶어졌나 보네!"

"으음, 로켓조차도 나오지 않는단다, 이 이야기에는."

"에잇, 모르겠다. 이건 아무리 봐도 낡아 빠진 옛날 SF인데."

미짱은 책장을 팔랑팔랑 넘기면서 말했다.

"'무언가'가 있어, 이 책에는."

"'무언가'라고?"

"뭘까?"

"힌트 주세요!"

"미짱이 가지고 있는 거야."

"하지만 나는 아직 책을 읽지 않았는걸?"

"그 '무언가'는 전염되는 거란다. 아마 아빠에게서 미짱에게로 옮겨간 것이 아닐까?"

"어? 바이러스! 아빠, 외출했다가 돌아와서 손을 잘 안 씻으니까 그런 거야! 항상 엄마한테 혼나잖아!"

"하하하, 뭐 바이러스는 아니지만 비슷한 걸지도 모르겠네. 그 바이러스 같은 '무언가'는 처음에는 쥘 베른의 마음속에 있었을 거야. 그것이 100년도 전에 이 책을 통해서 3명의 로켓의 아버지들에게로 옮겨 갔단다. 그리고 그들이 로켓 연구를 하는 동안 또 다른 사람들에게 옮겨 갔지. 그렇게 점점 세상의 많은 사람들에게 퍼져 나갔어."

"그럼 쥘 베른은 어떻게 해서 그 '무언가'에 감염된 거야?"

"그래, 우선은 그 이야기부터 시작해 볼까."

2 트라피스트 1 행성에 펼쳐진 세계

트라피스트 1은 물병자리 방향으로 태양계로부터 약 39광년 거리에 있는 별입니다. 항성옮긴이 설명: 움직이지 않고 붙박혀 있는 별이지만 적색왜성이라는 어둡고 작은 별로, 크기는 목성과 거의 같으며 질량은 태양의 8%밖에 되지 않습니다. 지구에서 본 밝기는 19등성으로, 커다란 망원경을 사용하지 않으면 볼 수 없습니다.

트라피스트 1의 주변에서 7개의 행성이 발견되었습니다. 행성에 이름은 없고, 안쪽부터 순서대로 b, c, d, e, f, g, h라고 부르고 있습니다. 예를 들어, 행성 f의 정식 명칭은 '트라피스트 1f'입니다.

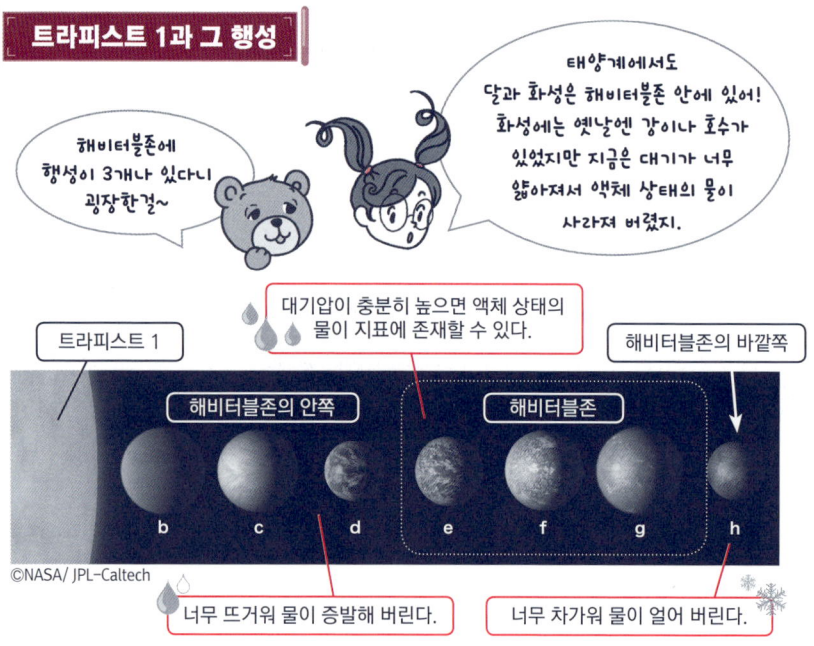

행성 e, f, g는 해비터블존에 있기 때문에 액체 상태의 물이 지표에 존재할지도 모릅니다. 즉, 바다가 있을지도 모른단 뜻이지요. 그곳에 생물이 살고 있을까요? 행성 e의 비중은 지구와 거의 비슷하기 때문에 지구와 같이 암석으로 이루어진 행성이라고 여겨집니다. 한편, 행성 f나 g는 비중이 지구보다도 꽤 가볍기 때문에 목성의 위성 에우로파처럼 대량의 물이나 얼음으로 둘러싸여 있을 수도 있습니다.

트라피스트 1계에서는 행성끼리의 거리가 매우 가깝습니다. 예를 들어 행성 e에서 행성 f를 바라보면, 가장 가까워졌을 땐 지구에서 바라본 달과 비슷한 크기로 보입니다. 아래의 상상도처럼 다른 행성은 달과 같이 형태가 변합니다. 또한 달이 지구를 향해 항상 같은 쪽만을 보여주듯 트라피스트 1의 행성도 항상 같은 쪽 면만을 중심별에 보여주고 있다고 생각됩니다.

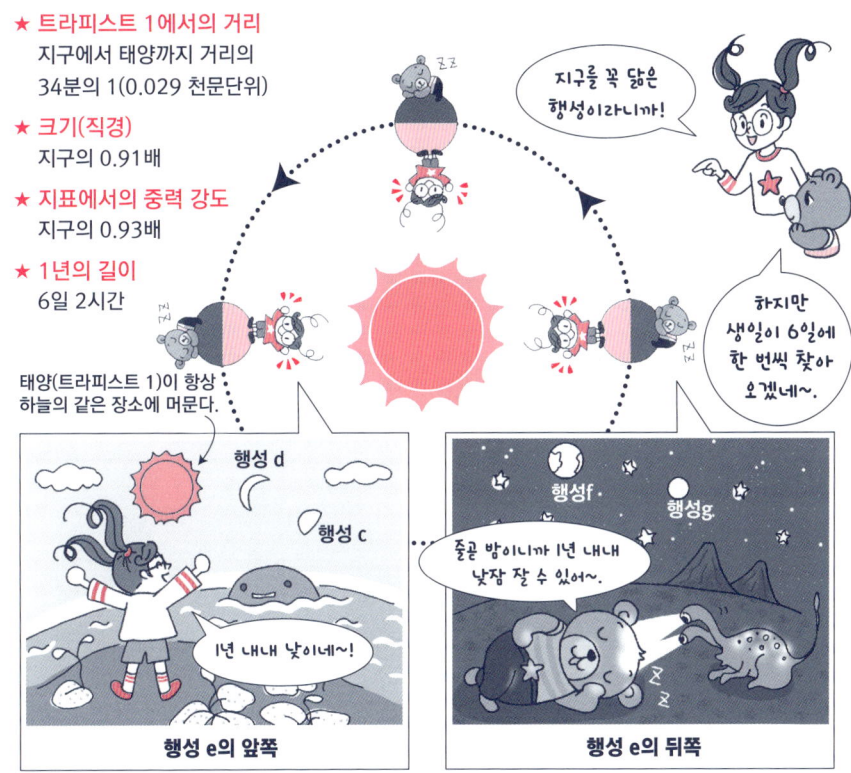

트라피스트 1e는 어떤 행성일까?

★ **트라피스트 1에서의 거리**
지구에서 태양까지 거리의 34분의 1(0.029 천문단위)

★ **크기(직경)**
지구의 0.91배

★ **지표에서의 중력 강도**
지구의 0.93배

★ **1년의 길이**
6일 2시간

트라피스트 1의 행성에는 인류와 같은 지적 생명체가 있을까요? 2016년, 미국 캘리포니아 주에 있는 전파망원경(앨런 텔레스코프 어레이)으로 트라피스트 1을 조준했습니다. 하지만 아쉽게도 우주인이 보내는 전파는 감지하지 못했습니다. 우연히 그 시간에 지구에 전파를 보내지 않았던 것뿐일까요? 혹은 트라피스트 1의 행성엔 생명이 태어나지 않았던 걸까요? 생명은 있지만 아직 문명을 세울 만한 지적 생명으로 진화하지 않은 걸까요? 아니면 문명이 태어났지만 이미 멸망한 후일까요?

3

SF의 아버지, 쥘 베른의 마음에 머물던 '무언가'

"어쩌면 쥘 베른은 미짱이랑 꼭 닮은 아이였을지도 모르겠어."

"괴짜, 였을까……?"

미짱의 아빠는 상냥한 얼굴로 대답했다.

"그럴지도 모르지. 커다란 꿈을 가지고 있고, 상상력이 풍부하고, 그리고……"

"그리고?"

"고집이 셌지."

"자암~~깐만! 고집이 센 건 나보다 아빠가 더 하잖아! 핼러윈 때마다 매년 다스 베이더 복장만 하고, 이상한 광선검 조명을 사오질 않나, 토스터를 살 때도 스타워즈 한정판으로 사겠다고 고집부렸지. 그거 비싼데다가 빵은 항상 타기만 하고 고장도 잘 났잖아!"

"미짱도 고집이 센걸. 귀국했을 때 공룡 뽑기 하면서 무슨 사우르스인가가 나올 때까지 하겠다고 계속 고집부려서 용돈을 다 써 버렸잖아."

"무슨 사우르스가 아니라 데이노니쿠스야!"

"데이노니쿠스의 어떤 점이 그렇게 특별했었지?"

"아버지, 좋은 질문을 하셨습니다! 데이노니쿠스는 소형 육식 공룡이지만 골격은 현대의 새와 닮은 점이 있었어. 이 사실의 발견을 계기로 새의 조상은 공룡이었다는 설이 받아들여지게 된 거야!"

"역시 대단한걸. 미짱, 커서 공룡 연구자가 되는 거 아니야?"

"그것도 멋지지만 그보다는 우주에 가고 싶어! 아아, 우주는 얼마나 즐거울까. 붕붕 몸이 떠다니고 하늘에 떠 있는 예쁜 지구를 바라볼 수 있고, 지구와 점점 멀어지면서 알 수 없는 행성에 도착하게 되고……."

"쥘 베른도 소년 시절에 참을 수 없을 만큼 바다에 가고 싶어했다는구나."

"바다? 바다 정도는 여름방학에 다녀오면 되잖아."

"쥘 베른은 1828년에 태어났어. 그 시절의 프랑스에는 기차도 자동차도 없었지. 이동 수단은 도보나 마차, 배뿐이었단다. 멀리 여행을 가거나 이사를 가는 게 당시에 그렇게 일반적인 일은 아니었을 거야."

"그러니까 옛날 내륙에 태어난 사람들에게 바다는 우주처럼 먼 곳이었다는 뜻이지? 쥘 베른도 그랬던 거야?"

"맞아. 하지만 쥘 베른이 태어나고 자란 곳은 항구 도시라 배는 늘 볼 수 있었어."

"그런데 왜? 항구 도시인데도 바다에서 먼 거야?"

"강의 상류에 있었거든. 프랑스의 낭트라는 마을인데 르와르 강을 따라 바다에서부터 거의 50km나 거슬러 올라가는 장소에 있었어. 옛날 배는 작아서 강을 그대로 통과했단다."

"그럼 항구를 출발한 배는 강을 타고 바다로 나간 거네."

"그래. 바다를 본 적이 없는 쥘 베른은 매일 강을 오고가는 배를 바라보거나, 뱃사람들의 이야기를 듣거나, 배를 통해 외국

에서 들여온 향신료의 냄새를 맡으면서 소년 시절을 보냈지. 쥘 베른은 혼자서 공상하는 걸 좋아했대. 항해를 하며 밧줄로 만든 사다리를 타고 배의 꼭대기에 올라가서 바다를 멀리 바라보는 자신의 모습을 상상했지."

"뭔지 알 것 같아. 나도 자주 상상을 하거든. 우주복을 입고, 우주선에 올라서 트라피스트 1로 가는 거야! 거기에는 어떤 생물이 살고 있을까, 그 행성의 저녁 노을은 어떤 색일까 생각해 보곤 하거든."

"쥘 베른이 처음으로 바다를 본 것은 열두 살 때의 일이래. 형제들과 함께 낭트에서 배를 타고 강을 따라 바다와 접한 항구에 도착하자마자, 배에서 뛰어내려서는 파도가 밀어닥치는 물가로 달려갔대."

"그러고는? 뛰어들었어?"

"아니, 제일 먼저 바닷물을 손으로 떠서 마셨대."

"좀 이상하네."

미짱은 풉하고 웃었다.

"그럼 쥘 베른은 바다를 너무 좋아해서 그렇게 어른이 된 다음에는 SF 작가가 된 거구나."

"아니, 그런 건 아니었나 봐. 쥘 베른이 제일 관심을 가지고 있었던 건 문학이었어. 그래서 파리로 나가 극작가가 되려고 했었지. 하지만 변호사인 아버지가 아들 역시 변호사로 만들고 싶어했어."

"그건 너무 불쌍한걸! 아버지가 너무했네!"

미짱은 돌연 발끈해 소리쳤다.

"분명 나쁜 뜻으로 그런 건 아니겠지만, 꿈을 가진 아이가 미래를 펼치지 못하게 하는 건 불쌍한 일이지."

"말도 안 돼! 나는 아무리 아빠가 반대한다고 해도 꼭 우주에 가고 말거야!"

"이것 봐, 미짱 고집쟁이잖아!"

"아니야!"

"고집이 센 건 좋은 일이야. 쥘 베른이 꿈을 이룬 것도 고집이 셌기 때문이거든. 아버지의 강요로 파리의 법률 학교에 입학했지만 포기하지 않고 완강하게 문학의 길을 고집했기 때문에 결국 아버지도 포기하셨단다."

"그럼, 그럼. 아빠도 엄마가 고집불통이라고 하면 항상 고집이 있어야 꿈을 이룬다면서 변명하잖아."

"……."

"어쨌든 그렇게 쥘 베른은 훌륭한 작가가 된 거구나."

"하지만 처음 10년 동안은 전혀 인기가 없었어."

"앗! 지금은 이렇게 유명한데?"

"처음에는 평범한 소재로 극을 썼대. 한 번도 상영되지 못하고

『기구를 타고 5주간』 삽화

끝난 작품도 많았지."

"무슨 계기로 SF 작가가 된 걸까?"

"그건 기록에 남아있지 않아. 미짱은 쥘 베른이 SF 작가가 된 이유가 뭐라고 생각해?"

"분명 바다일 거야! 어린 시절 바다를 동경했던 기분을 떠올린 것 아닐까? 바다나 우주의 저편에는 무엇이 있고, 무엇이 살고 있을까 두근거리면서 상상하다가 SF로 발전한 거지!"

"그럴지도 모르지. 그렇게 만들어진 작품이 『기구를 타고 5주간』이라는 SF 소설이었어. 기구를 타고 아프리카로 모험을 떠나는 이야기지. 이 작품이 큰 인기를 얻었단다."

"우와, 하지만 모험을 떠나는 이야기는 오랜 옛날부터 무척 많았잖아? 『신밧드의 모험』이라든가, 『걸리버 여행기』라든가, 『모모타로』나 『서유기』도 있고."

"맞아. 더 옛날에는 고대 그리스의 오디세이지은이 설명: 기원전 8세기 즈음에 쓰여진 고대 그리스의 서사시. 영웅 오디세이의 항해와 모험 이야기나 고대 인도의 라마야나지은이 설명: 기원전 4~7세기에 인도에서 쓰여진 서사시. 라마 왕자가 납치된 아내 시타를 되찾기 위해 떠나는 모험과 전투 이야기 같은 것도 있지.

"그럼 쥘 베른의 모험 소설은 뭐가 특별했던 걸까?"

"그러게, 예를 들면 미짱은 별자리에 담긴 『그리스 신화』나 『모모타로』 같은 옛날 이야기를 어떻게 생각해?"

"음, 어렸을 땐 좋아했지만 도깨비 같은 건 존재하지 않고, 이웃에 신이 사는 것도 아니고……."

"『해리포터』나 『반지의 제왕』은?"

"너무 좋아! 전부 읽었어! 뭐, 마법 같은 건 만들어 낸 이야기이긴 하지만."

"하지만 미짱이 좋아하는 SF도 전부 만들어 낸 이야기잖아."

"그래도 SF는 현실미가 있잖아. 같은 하늘을 날더라도 마법이라면 확실히 만들어 낸 이야기지만 하늘을 나는 자동차 같은 거라면 미래엔 정말 있을 거란 생각이 들어."

"그래, 바로 그거야! 과학기술이 만들어 낸 이야기에 현실미를 주는 거지. 그래서 사람들은 SF라는 새로운 문학 장르에 열광한 거야."

"그래서 아빠가 스타워즈에 끝없이 돈을 낭비하는 거구나."

"엄마랑 똑같은 이야기를 하네……. 그 뒤에도 쥘 베른은 SF 걸작을 많이 만들었어. 그리고 1865년에 쓴 작품이 이 『지구에서 달까지』란다. 아마도 사상 첫 우주 SF였을 거야."

"아까 아빠가 이 책에는 바이러스 같은 것을 감염시키는 '무언가'가 깃들어 있다고 했잖아. 그건 결국 뭐야?"

"자, 뭘까. 분명 그 '무언가'는 쥘 베른이 소년 시절 바다를 동경하고, 먼 나라에는 어떤 사람이나 생물이 있을까 상상했을 때, 그 마음 깊은 곳에서 태어난 것이라 생각해. 그리고 쥘 베른이 어른이 되어서 쓴 SF 소설의 말들 속에 깃들었지."

"앗, 그 '무언가'는 말에도 감염되는 거야?"

"말 뿐만이 아니야. 그림에, 음악에, 영상에, 건축물에, 인간이 창조하는 온갖 곳들에 깃들지."

"그게 로켓의 아버지에게도 감염된 거야?"

"그래. 쥘 베른의 SF 소설은 온갖 언어로 번역되어 세상의 아이들이 읽을 수 있게 되었지. 아빠도 중학생 시절에 많이 읽었어. 그런 몇 백만 명의 독자들 중에는 나중에 '로켓의 아버지'라고 불리게 되는 3명의 소년들도 있었지. 그들이 특히 좋아했던 것이 이『지구에서 달까지』였어. 흠뻑 빠져 읽는 동안 그 '무언가'가 그들의 마음 깊은 곳에 스며들어 자리를 잡고 싹을 틔웠던 거야."

"뭔가 기분 나쁜데……. 하지만 그 '무언가' 덕분에 세 사람은 로켓의 아버지가 된 거지?"

"그래. 그러면 이제 이 세 사람이 어떻게 우주 시대의 기반을 세웠는지 이야기해 볼까."

3 삼각무역-낭트가 남긴 '아픈 역사'

쥘 베른이 태어나 자란 낭트는 15세기부터 18세기에 이르기까지 프랑스의 중요한 무역항이었습니다.
그렇다면 어떤 나라와 어떠한 무역을 하고 있었을까요?

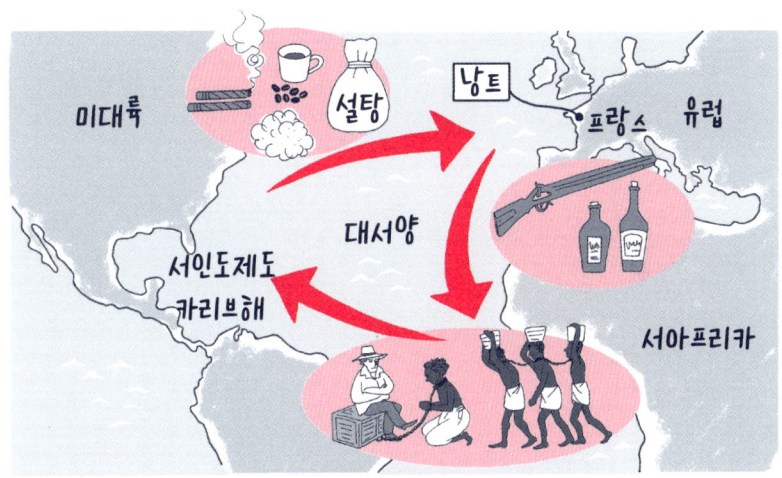

낭트의 뱃사람들이 주로 하고 있었던 것이 실은 역사적으로도 악명 높은 삼각무역입니다. 낭트를 출발한 배는 우선 대서양을 타고 서아프리카로 향했고, 다음으로 대서양을 건너 미국이나 카리브해의 섬으로 갔으며, 마지막에는 다시 대서양을 건너 프랑스로 돌아왔습니다. 세 지점을 연결하는 무역이라서 '삼각무역'이라고 불렸습니다.

그렇다면 이 삼각무역의 어떤 점이 그렇게 악명 높았던 걸까요?

낭트를 출발한 무역선은 총과 같은 무기를 싣고 있었습니다. 당시 서아프리카는 부족 사이의 전쟁이 끊이지 않아 유럽의 무기를 원하는 이들이 많았습니다. 그들은 전쟁에서 이기면 패배한 부족의 사람들을 붙잡아 무기와 교환하기 위해 유럽인들에게 노예로 팔아 넘겼습니다. 이 노예들은 유럽인들의 무역선으로 미국에 끌려가 설탕이나 목화를 생산하는 농장으로 팔려 갔습니다. 농장은 노예들의 노동력이 꼭 필요했기 때문입니다. 노예를 팔아 넘긴 돈으로 유럽인들은 설탕을 사서 자신들의 나라에 가지고 돌아가 판매했습니다.

이렇게 유럽의 상인들은 대서양을 넘나드는 삼각점을 항해하며 무기를 노예로, 노예를 설탕으로 교환해 이익을 얻었던 것입니다.

미국 사우스캐롤라이나주 찰스턴에 있는 옛 노예 시장이었던 건물. 흑인 노예들은 이곳에서 상품으로 사고팔렸다.

인류의 진보를 그린 쥘 베른

　노예로 팔려 간 아프리카 사람들의 고통은 상상을 초월했습니다. 전쟁으로 모든 것이 불타고, 살던 마을에서 억지로 끌려 나와 배에 실려, 열악한 환경 속에서 수개월에 걸쳐 몇 천 킬로미터나 떨어진 미국으로 향해야 했습니다. 자유도, 인권도 없이 농장에서 강제적인 노동에 시달렸습니다. 어른뿐만 아니라 아이들도 노예로 팔려 갔습니다. 가족과 뿔뿔이 흩어진 아이들도 있었습니다. 목숨을 빼앗긴 아이들도 많았습니다.

　어떻게 인간이, 같은 인간에게 이렇게 잔혹한 짓을 할 수 있었을까요? 이는 상상력이 없었기 때문이라고 말할 수밖에 없습니다. 자신의 이익만을 좇느라 노예들의 깊은 고통과 슬픔을 헤아리려 하지 않았던 것입니다.

　이러한 역경에서 벗어나기 위해, 무기를 들고 일어선 노예들도 있었습니다. 노예들의 처지를 동정하는 백인들도 있었습니다. 1794년, 프랑스는 노예제도를 폐지하겠다고 선언했고, 1807년에는 영국에서 노예무역이 금지되었습니다. 노예를 받아들이던 미국에서도 1865년 드디어 노예제도를 폐지하면서 몇 세대에 걸쳐 괴롭힘을 당한 아프리카인 노예들은 적어도 법률상의 자유를 되돌려 받았습니다.

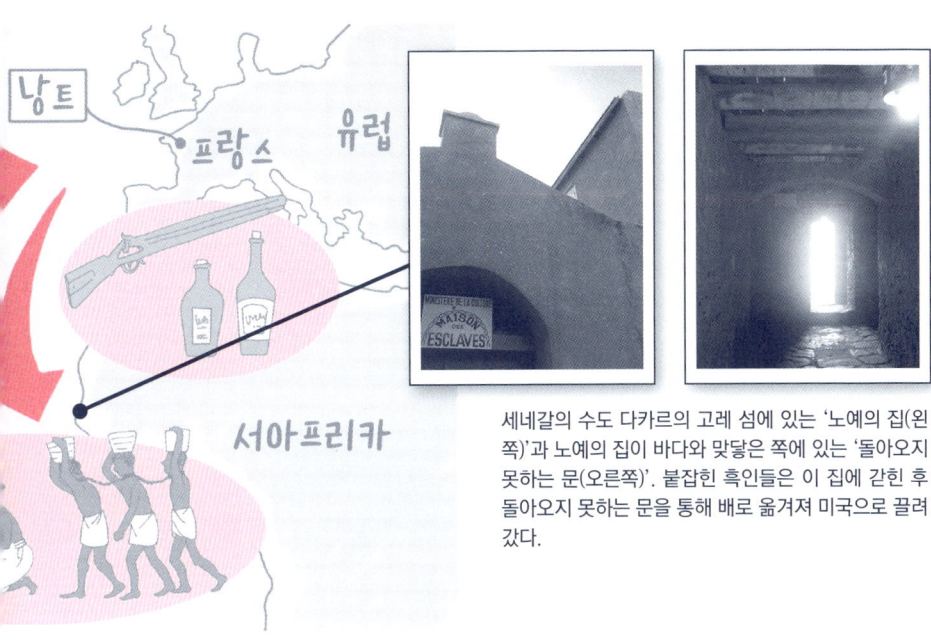

세네갈의 수도 다카르의 고레 섬에 있는 '노예의 집(왼쪽)'과 노예의 집이 바다와 맞닿은 쪽에 있는 '돌아오지 못하는 문(오른쪽)'. 붙잡힌 흑인들은 이 집에 갇힌 후 돌아오지 못하는 문을 통해 배로 옮겨져 미국으로 끌려갔다.

한편 이 노예의 후손인 흑인들은 현재까지도 사회의 약자가 되어 강한 차별과 경제적인 차이에 시달리고 있습니다.

쥘 베른이 낭트에서 태어나 자란 것은 노예무역이 사라진 이후의 일입니다. 노예무역이 사라지면서 낭트는 무역항으로서의 힘을 잃게 되었고, 몰락의 시대를 맞이했습니다. 마치 진흙 속에서 아름다운 연꽃이 피듯, 잔혹하기 짝이 없는 일이 일어났던 마을에서 자라난 소년이 인류의 밝고 진보적인 미래를 그리는 SF 작가가 된 것입니다.

그의 업적은 우리에게 인류의 미래로 향하는 작은 희망을 만들어 준 것과도 같습니다.

4

러시아 로켓의 아버지, 치올콥스키의 로켓방정식

미짱이 목마르다며 부엌으로 향하는 아빠를 따라갔다. 미짱의 아빠는 컵에 물을 따르며 이야기를 계속했다.

 "자, 드디어 러시아 로켓의 아버지라고 불리는 초르코프스키가 등장합니다!"

 "아니지, 초르코프스키가 아니라 치올콥스키!"

"그게 그거잖아……."

"그렇게 하면 안돼, 정확히 발음해야 돼!"

"네, 미안합니다…… 그 초……치……치오……."

"치올콥스키!"

"초르코프스키."

치올콥스키

"치올콥스키!!"

"치올콥스키……."

"합격."

"……아, 그러니까 뭐였더라. 그렇지, 치올콥스키가 왜 '로켓의 아버지'라고 불리는지 알고 있니?"

"로켓방정식!"

"정답!"

"로켓이 일정한 속도까지 가속하기 위해선 엔진의 성능이 어느 정도여야 하고, 연료는 얼마나 채워 둬야 하는가를 구하는 방정식이지."

"잘 알고 있네."

"치올콥스키도 괴짜였어?"

"그랬다나 봐. '칼루가의 괴짜'라는 별명을 가지고 있었다고 하더라고."

"그 별명 너무한데……. 치올콥스키는 어쩌다 이상한 사람이 되어 버린 거야?"

"시대를 너무 앞서갔기 때문이겠지. 치올콥스키가 태어난 것은

1857년. 아직 비행기도 존재하지 않던 시대였어. 하늘을 나는 것도 동화 같은 이야기였던 그때에 우주에 가겠다니 머리가 이상한 사람이란 취급을 받을 수밖에 없었을 거야."

"현대인의 입장에서 생각해 보면 전혀 이상하지 않은 이야기인데 말이야."

"게다가 치올콥스키는 다른 사람들과 어울리는 게 서툴러서 항상 고독했었대."

"어째서?"

"치올콥스키는 아홉 살 때 귀가 거의 들리지 않게 되었고, 열세 살에는 어머니가 돌아가셨대."

"불쌍해라……."

"그 정신적 충격으로 공부도 따라가지 못하고, 반 친구들에게 따돌림당하면서 나쁜 행동을 하게 됐어. 두 번이나 유급을 한 결과 중학교에서는 퇴학을 당했지. 그 후부터는 집에 틀어박혀 거의 책을 읽으며 시간을 보냈다고 해."

"알 것 같아……. 나도 때때로 친구들보다도 책이 내 기분을 알아준다는 생각이 들 때가 있는걸."

"그래. 소년 치올콥스키에게 그런 친구가 되어준 책 중 하나가 바로……"

미짱의 아빠는 아까 건네준 빨간 책을 손가락으로 톡톡 치며 다시 이야기를 이어갔다.

"이 쥘 베른의 책이었구나!"

"그래! 흠뻑 빠져서 몇 번씩 읽다 보니까 그 '무언가'가 소년 치올콥스키의 마음속에 숨어들기 시작한 거야."

"나왔다! 정체불명의 바이러스가! 치올콥스키는 어떻게 됐어?"

"수학과 물리학 공부를 시작했어. 혼자서."

"감염되면 공부를 하고 싶어지는 바이러스……?"

"하하하, 그런 걸지도 모르지."

"감염되면 안 되겠네……."

"그걸 본 치올콥스키의 아버지가 재능을 알아보고 1873년 치올콥스키를 모스크바의 대학에 입학시켰단다."

"독학으로 대학에 들어가다니 대단하다!"

"하지만 바로 대학에 다니지 못하게 돼서, 다시 도서관에 틀어박혀 혼자 공부하게 되었어."

"정말로 친구가 없었구나……. 외롭지 않았을까……."

"결혼은 했지만 아들은 자살을 했고, 딸은 러시아 혁명에 참가한 죄로 체포되었어."

"너무 불쌍하잖아……. 난청에, 엄마는 빨리 돌아가신 데다 아이들까지……."

"다행히 치올콥스키는 모스크바 교외에 있는 칼루가란 작은 마을에서 고등학교 교사 자리를 얻었어. 그 후부턴 수업하면서 고독하게 과학 연구를 하며 일생을 보냈대."

"그런 엄청난 발견을 한 '로켓의 아버지'는 고등학교 선생님이었구나."

"그래. 대학이나 기업의 도움을 받지도 않고 누군가에게 연구비를 지원받지도 않고 그저 혼자 방에 틀어박혀 우주에 가는 방법을 매일 연구했던 거야. 주변 사람들은 그가 무슨 일을 하고 있는지 상상도 하지 못했겠지. 치올콥스키가 '괴짜'라고 불린 것도 무리는 아니지 뭐."

"하지만 사실 따지고 보면 치올콥스키가 이상했던 게 아니라 주변 사람들이 그를 이해하지 못한 것뿐이잖아! 로켓방정식 없

이는 로켓을 설계하는 것도, 행성 탐사 미션을 계획하는 것도 불가능하다고!"

"바로 그거지. 치올콥스키의 생각이 시대를 훨씬 앞섰던 거야."

"다른 로켓의 아버지도 괴짜였어?"

"맞아. 그럼 다음으로 고다드 이야기를 해 볼까."

4 간단히 알아보는 로켓방정식!

치올콥스키가 생각해 낸 로켓방정식이란 어떤 것일까요?

로켓은 거대하지요. 하지만 사실 우주에 가는 건 일부입니다. 로켓 안의 내용물은 대부분 추진제(등유나 액체수소 같은 연료와 액체산소 같은 산화제)입니다. 예를 들어 아폴로 계획에 쓰인 새턴 V 로켓의 중량은 지구를 출발할 땐 2,970t이나 됐지만 그 중 달을 향해 떠난 우주선(사령선, 기계선, 달착륙선)은 겨우 45t뿐이었습니다. 로켓의 엔진, 탱크나 구조물의 중량이 약 190t으로, 남은 약 2700t은 모두 추진제였습니다. 그렇다면 로켓을 우주까지 날려 보내기 위해 어느 정도의 추진제가 필요할까요? 그것을 계산하기 위한 식이 바로 로켓방정식입니다.

간단히 이해하기 위해, 이런 상상을 해 보세요.

1t의 로켓이 우주 공간에 떠 있습니다. 이 로켓은 약간 특이해서, 추진제 대신 1t짜리 거대한 공을 싣고 있습니다. 즉, 합하면 2t이 되겠지요.

이 로켓은 더욱 더 특이한 것이라, 평범한 로켓 엔진을 가지고 있지 않습니다. 엔진 대신 미짱이 타고 있습니다. 미짱은 굉장히 힘이 세서, 아무리 무거운 공이라도 초속 2km(시속 7,200km)로 던질 수 있다고 합시다.

미짱이 공을 뒤쪽으로 던지면 어떤 일이 일어날까요? 미짱의 시점에서 본다면 물론, 공은 뒤를 향해 초속 2km로 날아갑니다. 하지만 실제론 던질 때 반동력이 작용해 로켓은 앞을 향해 속도가 붙습니다(작용·반작용의 법칙이라고 합니다). 로켓 밖에 떠 있는 관찰자의 시점으로 보면 아래 그림과 같이 공은 뒤를 향해 초속 1km, 반대로 로켓은 앞을 향해 초속 1km로 움직이기 시작합니다. 즉, 공을 던지면서 로켓은 초속 1km의 속력을 얻었습니다!

그렇다면 2배 중량인 2t 로켓을 초속 1km로 가속시키려면 어떻게 해야 할까요? 정답은 단순합니다. 1t의 공을 2개 던지면 됩니다. 로켓이 4t이라면 4개의 공을 던지면 되겠지요.

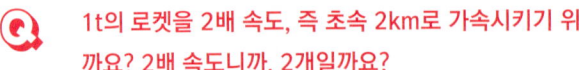

 1t의 로켓을 2배 속도, 즉 초속 2km로 가속시키기 위해서 몇 개의 공이 필요할까요? 2배 속도니까, 2개일까요?

 사실, 3개의 공이 필요합니다. 왜 그럴까요? 다음 그림을 살펴봅시다.

먼저 미짱이 동시에 2개의 공을 초속 2km로 던집니다. 그러면 남은 1개의 공과 로켓이 초속 1km로 가속합니다. 다음으로 미짱이 남은 1개의 공을 던지면 로켓은 다시 초속 1km로 가속하여 합계 초속 2km로 가속하게 됩니다. 1t의 로켓에 3개의 공을 쌓았으니 출발 전의 총 중량은 4t이 되겠지요.

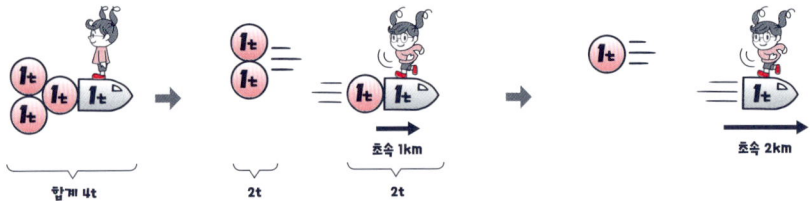

 그렇다면 1t의 로켓을 초속 3km까지 가속시키기 위해선 몇 개의 공이 필요할까요?

 정답은 7개. 속도는 3배인데 공은 7개나 필요합니다!

1t의 로켓 본체를 포함해, 출발 전 총중량은 8톤이 됩니다. 왜 공이 7개나 필요한 걸까요? 아래 그림을 살펴봅시다.

먼저 미짱이 4개의 공을 한꺼번에 던집니다. 그러면 남은 3개의 공을 실은 합계 4t의 로켓은 초속 1km로 가속합니다. 다음으로 2개의 공을 던지면 1개의 공을 실은 합계 2t의 로켓이 초속 2km가 됩니다. 그리고 마지막으로 남은 1개를 던지면, 드디어 초속 3km에 도달하게 되는 것입니다.

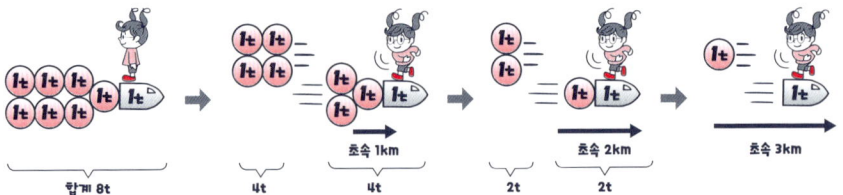

정리해 볼까요. 1t의 로켓을 초속 1km로 가속하기 위해서는 2t, 초속 2km로 가속하기 위해서는 4t, 초속 3km로 가속하기 위해서는 8t의 총중량이 필요합니다.

이제 이해가 됐지요! 로켓을 초속 1km 가속하기 위해선, 출발 전의 총 중량을 2배로 만들어야만 합니다.

지구의 인공위성이 되기 위해선 초속 8km(제1우주 속도, 정확히는 초속 7.9km)로 가속해야 합니다. 로켓의 출발 전 중량은 얼마나 될까요? 2를 8번 곱해 보세요.

1t×2×2×2×2×2×2×2×2=256t이나 되네요!

우주에 가는 것은 그중 1t뿐이고 남은 255t은 모두 추진제(공)입니다. 그래서 우주를 향해 날아가는 로켓은 그렇게 거대한 것입니다. 진짜 로켓은 공이 아닌 추진제를 뒤로 분사하며 가속하지만 원리는 똑같습니다.

> 로켓이 더욱 빠르게 나아가도록 하기 위해선 중량이 제곱으로 늘어납니다. 이것이 치올콥스키가 짜낸 로켓방정식의 핵심입니다.

더욱 작은 로켓으로 우주 속도에 도달하기 위해선 미짱이 근력 운동을 열심히 해 더욱 빠른 공을 던지면 됩니다.

즉, 로켓 엔진을 개량해 추진제의 분사 속도를 높이는 것입니다. 치올콥스키가 살았던 시절의 고체 연료는 분사 속도가 부족해 우주에 가려면 엄청나게 거대한 로켓을 만들어야 했습니다. 그래서 다음 장에 등장하는 고다드는 분사 속도를 매우 높인 액체 연료 로켓 개발에 뛰어들었습니다.

5

미국 로켓의 아버지, 고다드의 꿈과 좌절

아빠와 미짱은 소파에 앉아 이야기를 이어갔다.

"미국 로켓의 아버지, 로버트 고다드가 태어난 해는 1882년이니까, 치올콥스키보다 스물다섯 살 어리지. 미국 매사추세츠주의 투스터란 마을에서 태어나고 자랐어. 고다드의 어머니와 할머니는 그를 과보호하는 경향이 있어서 조금만 아프거나 다쳐도 매우 걱정하면서 집에만 있게 했

로버트 고다드

기 때문에 2년이나 유급을 했대.”

“너무 안타깝다! 엄마들은 왜 그렇게 걱정을 많이 하는 거야? 채소를 잘 먹지 않으면 병에 걸린다든가, 선크림을 바르지 않으면 암에 걸린다거나, TV를 많이 보면 바보가 된다는 둥 인류가 그 정도로 나약했다면 벌써 오래전에 전멸했을걸!”

“하하, 미짱도 나중에 아이가 생기면 걱정이 많아질 거야.”

“안 그럴 거야!”

“글쎄, 그건 모르는 일이지. 어쨌든 고다드는 소년 시절에 SF 소설에 푹 빠졌어. 쥘 베른의『지구에서 달까지』나 H.G 웰스의『우주전쟁』을 읽고 우주에 관심을 가졌다고 해.”

“나도『우주전쟁』읽었어! 문어처럼 생긴 화성인이 지구를 공격하는 이야기지!”

“그래, 맞아맞아! 고다드의 집에는 벚나무가 있었는데 열일곱 살 때, 아마도 집안일을 돕기 위해서였을 거야. 나뭇가지를 자르려고 나무 위에 올라가니까 하늘이 보였대. 그리고 그 순간, 그 '무언가'가 마음속에서 두근대기 시작한 거지. 고다드는 벚나무 가지에 올라탄 채로 멈춰서 하늘 저편을 바라보며 상상

했대. '화성까지 올라갈 수 있는 기계를 만들 수 있다면 얼마나 멋질까'하고."

"으응? 나무 위에서 화성 여행을 상상했단 말이야? 그건 나보다도 더 이상하잖아!"

"하하하, 그렇네. 하지만 이 시절에 받은 영감이 그의 출발점이 되었대. 고다드는 그 후 자기 생애 전부를 소년 시절에 꿈꾼 '화성까지 올라갈 수 있는 기계'를 만드는 데 바쳤으니까."

"잠깐, 아빠. 질문! 왜 '기계'인거야? 로켓이 아니고?"

"좋은 질문입니다! 왜 그렇다고 생각해?"

"음, 왜 그런 걸까. 설마 로켓을 몰랐을 리는 없고……"

"바로 그거야! 실은 19세기 사람들은 로켓을 타고 우주를 갈 수 있단 사실을 상상도 해 본 적 없었거든."

"정말? 하지만 도감에서 보니까 로켓은 늦어도 13세기에 중국에서 이미 발명됐다고 쓰여 있었는데."

"그것도 맞는 말이야. 처음에는 병기로 사용했으니까. 그 기술은 몽골제국이 유럽을 침공할 때 서양에 전해졌어."

"점점 더 알 수 없어지네. 어째서 로켓은 있었지만 그걸 이용해서 우주에 가겠단 생각은 못 한 거야?"

"그에 대한 힌트가, 이 책 안에 있단다."

미짱의 아빠는 쥘 베른의 붉은 책을 집어 들고 팔랑팔랑 책장을 넘겼다. 여기저기에 판화풍의 흑백 삽화가 보였다. 미짱의 아빠는 어느 부분을 찾더니 책을 열고 미짱에게 보여주었다.

"로켓이 아니잖아! 이건 뭐야?"

"대포란다."

"대포? 대포를 타고 달에 갈 생각이었던 거야?"

"그래. 엄청나게 큰 대포를 만들어서 대포알 속에 사람을 태우

『지구에서 달까지』 삽화

고 달을 향해 '펑'하고 발사하는 거지. 그런 이야기야."

"정말 알 수 없네. 로켓은 13세기부터 있었는데 왜 굳이 대포로 달에 갈 생각을 했던 걸까?"

"19세기 무렵에는 대포가 최신 기술이었거든. 궤도를 정확히 계산해서 몇 km나 떨어진 표적을 명중시키는 것도 가능했지. 그에 비해, 로켓은 600년 이상이나 뒤떨어진 기술이었어. 로켓 불꽃은 털이 난 것 같은 모양이었고, 비행 거리도 짧은데다 어디로 날아갈지도 몰랐지. 그런 장난감 같은 기술로 우주에 간다니, 그 누구도 상상조차 못했던 거야."

"지금의 상식이 옛날에는 비상식이었던 거구나. 그러면 로켓으로 우주에 가겠다는 생각을 제일 처음 한 사람은 누구야?"

"그게 바로, 지금까지 이야기 한 두 사람의 괴짜들이지."

"치올콥스키랑 고다드?"

"그래! 시대에 뒤떨어진 기술이 실은 우주 여행의 꿈을 이루는 열쇠였어. 이런 사실을 깨달은 것이 우주 개발 사상 최대의 브레이크스루옮긴이 설명: Breakthrough, 지금까지의 장벽을 돌파해 놀라운 진보를 이루는 것가 아니었을까. 때문에 그들은 '로켓의 아버지'라고 불리는 거야."

"브레이크스루란 게 새로운 물건을 발명해 내는 것만을 뜻하는 것은 아니구나! 잊혀진 낡은 기술에서 새로운 가치를 다시 발견하는 것 역시 브레이크스루였어!"

"그래, 바로 그거야!"

"그렇게 대단한 발견을 해냈으니까 치올콥스키나 고다드를 '괴짜'라고 불렀던 사람들은 깊이 반성했겠네!"

"그렇진 않았어. 예를 들어 1920년 뉴욕타임즈는 고다드의 연구를 비판하는 기사를 썼지. '클라크 대학에 재직하며 스미소니언 협회의 지원을 받는 고다드 교수가, 작용과 반작용의 법칙을 모르고 진공 상태에선 힘의 작용이 이루어지지 않는다는 사실을 이해하지 못하는 것은 매우 바보 같은 일이다. 그가 고등학교에서도 일상적으로 배우는 지식조차 가지고 있지 않은 것이 분명하다지은이 설명: 그로부터 49년 후인 1969년 7월 17일, 아폴로 11호를 태운 새턴 V 로켓이 달을 향해 날아오른 다음 날, 결국 뉴욕타임즈는 '정정과 사과'의 기사를 썼다..' 말하자면, 로켓을 사용해 우주에 갈 수 있다는 고다드의 아이디어는 가짜라고 주장한 거야."

"그 신문 기사야말로 가짜인걸!"

"상식을 바꾼다는 건, 굉장히 어려운 일이야. 당시 로켓으로 우주에 갈 수 있다는 생각은 빗자루로 하늘을 날겠다는 것과 마찬가지로 기상천외한 발상이라고 생각했던 거지."

"시대를 너무 앞서갔기 때문에 사람들에게 괴짜라고 불렸던 거네……."

"사람은 자기 눈으로 본 적 없는 것은 좀처럼 믿지 않으니까."

"그래서 고다드는 정말로 우주에 갈 수 있는 로켓을 만들어서 자기를 괴짜라며 비웃던 사람들에게 보여주려고 했던 거구나."

"하지만 결국, 고다드의 로켓은 우주까지 가지 못했어. 가장 성공적이었던 실험에서도 고다드의 로켓이 도달한 건 고도 2.7km, 초속 0.25km였거든."

"우주의 경계라고 정해놓은 카르만 라인은 고도 100km고, 인공위성이 되기 위해 필요한 제1우주 속도는 초속 7.9km이니까, 우주에는 훨씬 미치지 못했다는 뜻이네……. 안타까웠을 것 같아. 고다드의 로켓은 뭐가 부족했던 거야?"

"그렇지……. 제일 부족했던 건 돈이었다고 볼 수 있어."

"돈이라고……?"

"응. 로켓을 개발하기 위해선 엄청나게 많은 돈이 필요하지. 온 세상 사람들에게 괴짜 취급을 받았고 적지 않은 연구자들조차 회의적으로 생각했기 때문에, 연구비를 모으는 일이 정말로 어려웠다고 해."

"완전히 이해할 수 있어! 내 용돈도 아무리 졸라도 오르지가 않잖아!"

"아니, 그건 다른 이야기 같은데요."

"앗, 아빠. 그것도 내가 괴짜라서 그런 거야?"

"음, 아니, 저기, 그게 아니고……."

"그럼 용돈 올려 주는 거야?"

"엄마한테 물어봐!"

"앗, 또 빠져나가려고!"

"음…… 그래서. 이야기가 이상한 곳으로 빠졌지만, 고다드에 관해서 하나만 더 이야기해도 될까?"

"안 돼."

"아빠가 어쩔 수 없잖아. 돈을 관리하고 있는 건 결국 엄마란

고다드와 세계 첫 액체 연료 로켓
©NASA

말이야……."

"뭐, 물론 그렇긴 하지……."

"그러니까, 뭐였더라……. 하려고 했던 말을 잊어버렸잖아……. 그래, 그래. 고다드는 우주까지 갈 수 있는 로켓을 만들진 못했지만, 현대의 우주 개발로 이어지는 매우 중요한 결과를 남겼어. 이것 봐, 고다드가 눈 속에서 로켓을 들고 서 있는 유명한 사진인데, 알고 있니?"

"아아, 저 철사처럼 생긴 로켓 말이지?"

"그래. 저게 세계 첫 액체 연료 로켓이었어. 지금의 로켓과는

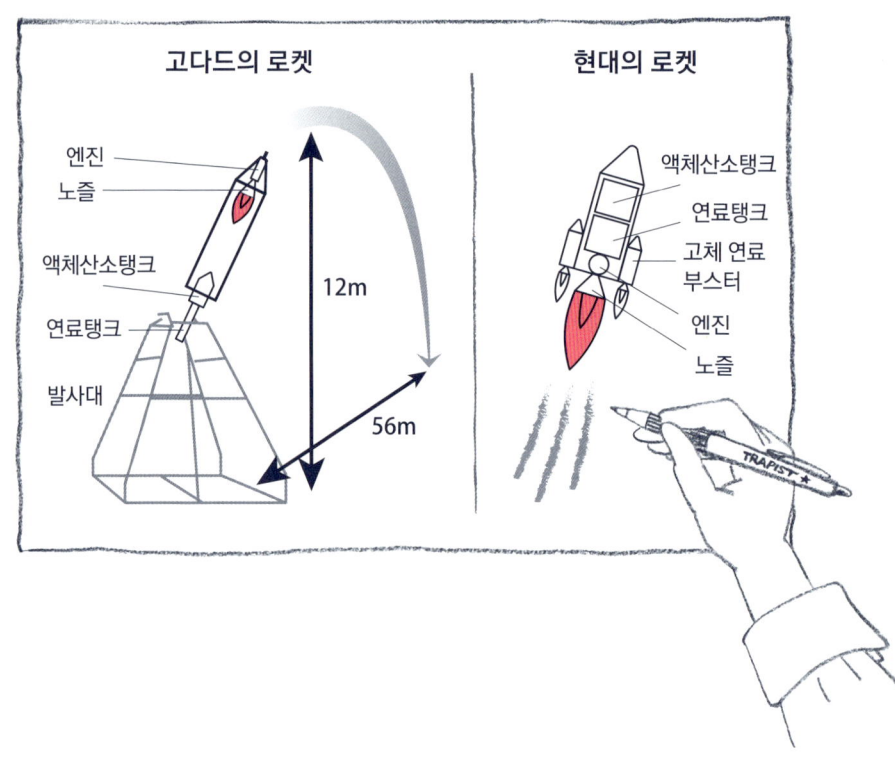

상당히 모양이 다르지만, 기본적인 구조는 똑같아. 보렴, 여기에 엔진, 여기에 연료탱크가 있고…….”

미짱의 아빠는 종이를 펼쳐 펜으로 로켓 그림을 그리며 미짱에게 설명했다.

“이 로켓, 잘 날아갔어?”

“날기는 날았지. 비행 시간 2.5초, 도달 고도 12m. 마지막엔 이웃 양배추 밭으로 추락했대.”

“겨우 12m인데 어째서 저 철사가 그렇게 유명한 거야?”

“그전까지 만들어진 로켓은 모두 고체 연료 로켓이었어. 우주에 가기 위해서는 액체 연료 로켓이 필요하다는 사실을 고다드가 눈치챈 거야.”

“하지만 고체 로켓은 지금도 사용하고 있잖아. 스페이스 셔틀이나 H3 로켓 옆에 붙어 있는 부스터는 고체 로켓이니까.”

“그래 맞아. 하지만 중앙 주요 로켓은 액체식이잖아?”

“응.”

“고체 로켓은 한번 불이 붙으면 다 탈 때까지 멈추질 않아. 한번 엔진에 시동이 걸리면 가솔린이 사라질 때까지 줄곧 달리는 차와 마찬가지지."

"엄마, 아빠가 잔소리 할 때랑 똑같네."

"하하하, 정말 그렇네. 달이나 화성에 가기 위해선 정확한 방향과 정확한 속도로 우주선을 날려야만 하지. 그 정교한 조작은 액체 연료 로켓이 없이는 어려워. 게다가 고다드가 살았던 시대의 고체 연료 로켓은 지금보다 훨씬 성능이 떨어져서, 그것만으로 우주에 갈 수 없었어."

"그렇구나. 즉 저 철사는 현대의 모든 우주 로켓들의 조상님 같은 거였구나."

"정답!"

"고다드는 괴짜에 돈이 없었지만, 굉장한 사람이었네!"

"고다드가 고등학교를 졸업할 때, 총학생 대표로 연설을 했었어. 그는 이런 이야기를 했지. '무언가를 불가능하다고 결론짓는 것은 그저 잘 모르기 때문이란 사실을 과학이 깨닫게 해 줬습니다. ……과학은 끝없이 증명해 왔습니다. 어제의 꿈은 오늘의 희망이 되고, 내일의 현실이 된다는 것을'라고 말이야."

"멋져! 어제의 꿈은 오늘의 희망이 되고, 내일의 현실이 된다!

나, 반드시 트라피스트 1에 가는 우주선을 만들 거야!"

"하지만 미짱이 그렇게 멀리까지 가 버리면 아빠가 외로울 텐데……. 아빠도 데려가 줘!"

"절대 안 돼."

"아니, 왜 안 돼?"

"암스트롱도 달에 엄마를 데려가진 않았잖아."

"하지만 달은 왕복으로 7일밖에 안 걸리잖아. 트라피스트는 몇 광년이지?"

"39.6광년. 빛의 속도로 왕복해도 80년 정도네."

"미짱이 돌아오기 전에 아빠는 늙어 죽겠네……."

"할 수 없네 뭐, 그럼 용돈을 늘려 주면 생각해 볼 수도 있어. 어제의 꿈은 내일의 현실."

"이런……."

칼럼 5 외계행성-태양계는 약간 이상하다?

태양계 밖에서 발견한 행성을 외계행성이라고 부릅니다. 2020년까지 4000개 이상의 외계행성이 발견되었으며, 은하계에 있는 태양과 같은 별의 대부분은 행성을 가지고 있다고 추측됩니다.

가장 많이 발견된 것은 지구보다 크고, 해왕성보다 작은 크기의 행성입니다. 그런데 신기하게도 태양계에는 지구와 해왕성 사이의 크기를 가진 행성이 한 개도 존재하지 않습니다.

외계행성의 크기 비교

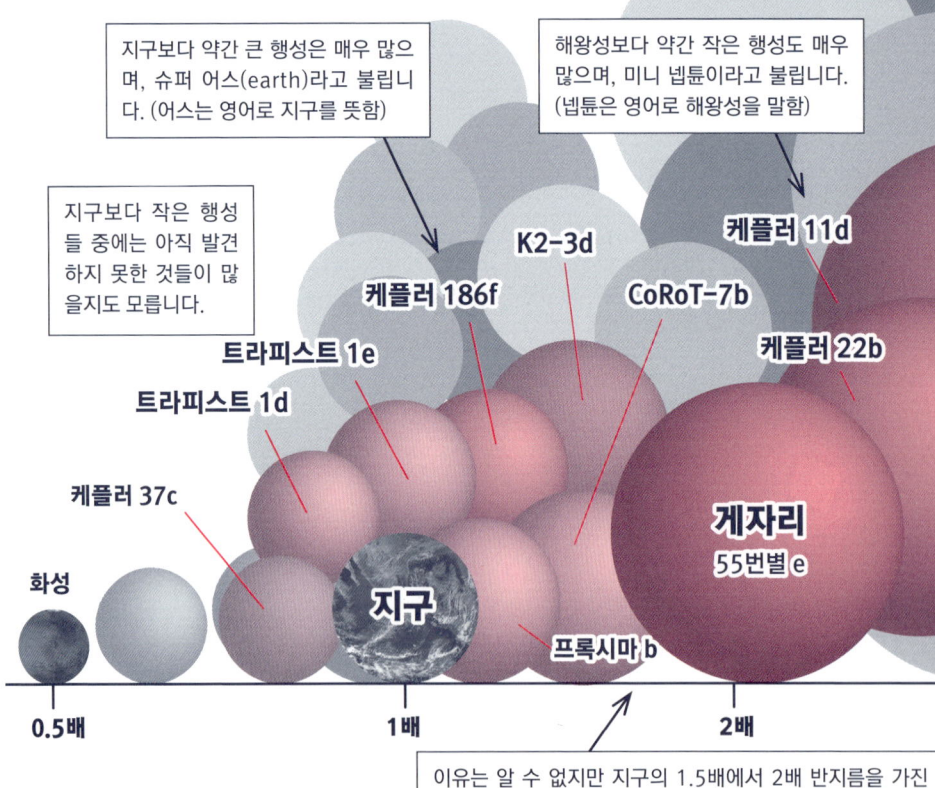

지구보다 약간 큰 행성은 매우 많으며, 슈퍼 어스(earth)라고 불립니다. (어스는 영어로 지구를 뜻함)

해왕성보다 약간 작은 행성도 매우 많으며, 미니 넵튠이라고 불립니다. (넵튠은 영어로 해왕성을 말함)

지구보다 작은 행성들 중에는 아직 발견하지 못한 것들이 많을지도 모릅니다.

케플러 11d
K2-3d
케플러 186f
CoRoT-7b
케플러 22b
트라피스트 1e
트라피스트 1d
케플러 37c
게자리 55번별 e
화성
지구
프록시마 b

0.5배　1배　2배

이유는 알 수 없지만 지구의 1.5배에서 2배 반지름을 가진 행성이 적습니다. 풀톤 간극(Fulton Gap)이라고 부릅니다.

화성·해왕성·토성©NASA/JPL-Caltech 지구©NASA

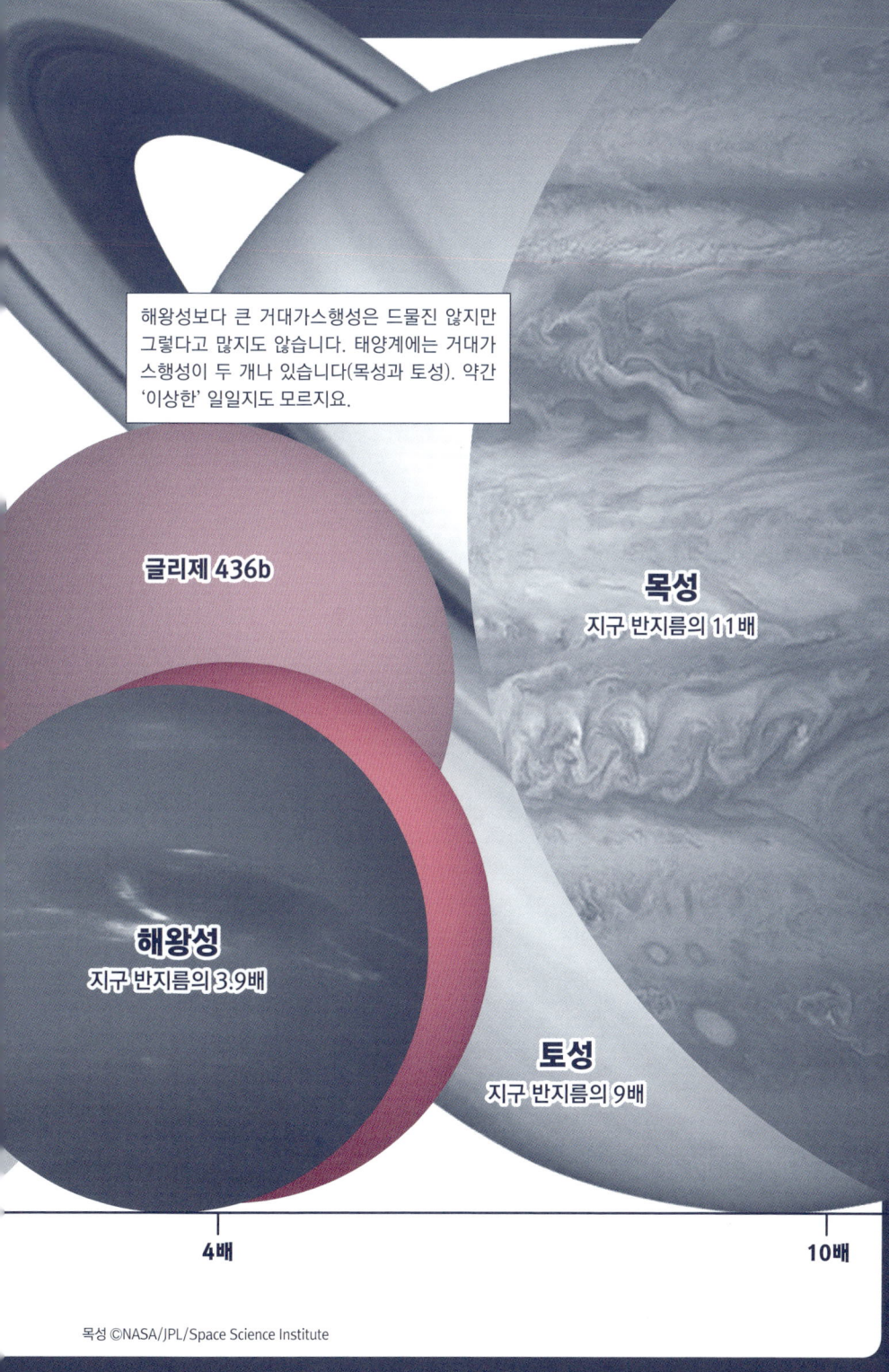

해왕성보다 큰 거대가스행성은 드물진 않지만 그렇다고 많지도 않습니다. 태양계에는 거대가스행성이 두 개나 있습니다(목성과 토성). 약간 '이상한' 일일지도 모르지요.

글리제 436b

목성
지구 반지름의 11배

해왕성
지구 반지름의 3.9배

토성
지구 반지름의 9배

4배

10배

목성 ©NASA/JPL/Space Science Institute

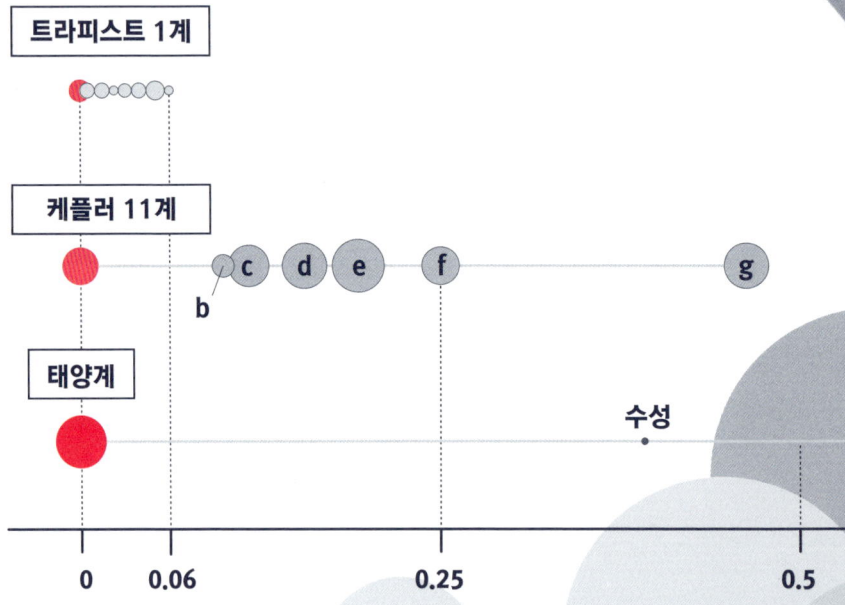

미짱이 동경하는 트라피스트 1계는 무척이나 압축된 형태입니다. 태양계와 비교했을 때 7개의 행성은 모두 수성보다 안쪽 궤도를 돌고 있습니다. 중심별은 태양의 10분의 1 정도 크기밖에 되지 않는 붉고 어두운 적색왜성입니다. 거기서부터 0.06 천문단위(태양에서 지구까지의 거리의 6%)이내의 거리를 지구와 거의 같은 크기의 7개 행성들이 돌고 있습니다.

많은 성계에는 중심별에서 비교적 가까운 거리에, 지구보다 큰 행성들이 위치합니다. 예를 들어 케플러 11계에는 금성보다도 안쪽 궤도에 6개의 슈퍼 어스와 미니 넵튠이 있습니다.

하지만 신기하게도 우리들이 사는 태양계에는 중심별(태양)에서 가까운 거리에 커다란 행성이 없습니다. 태양계는 어쩌면 약간 특수한 곳인지도 모르겠습니다.

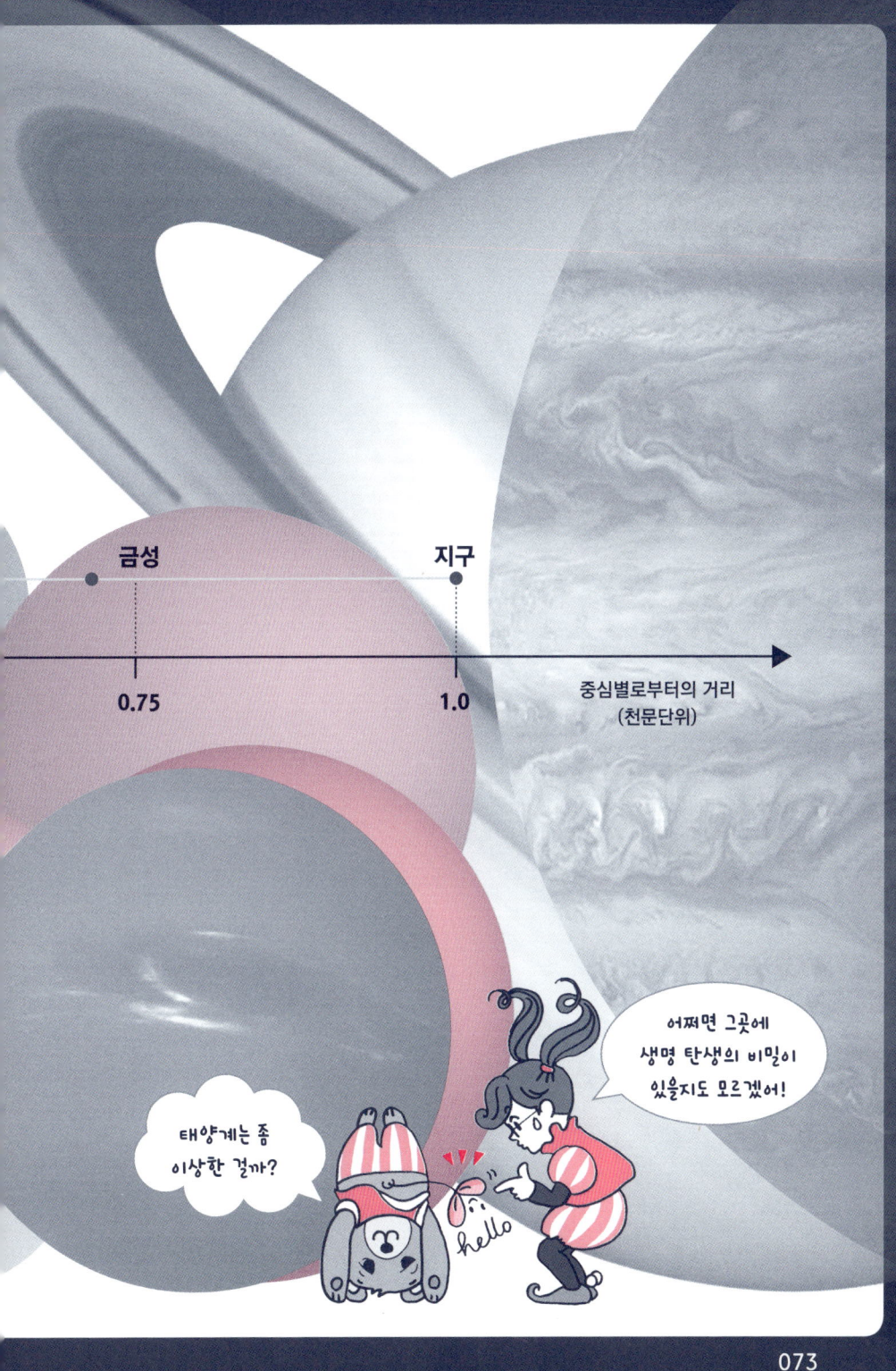

6

독일 로켓의 아버지, 오베르트가 넘겨준 우주를 향한 배턴

"그건 그렇고, 엄마는 몇 시에 돌아온다고 했더라?"

"아까 메시지 받았는데 벌써 차를 타고 오고 있대."

"저녁 식사는?"

"집에서 먹자고 하던데. 그런데 아빠, 또 한 명의 로켓 아버지 오베르트 이야기도 해 줘. 오베르트도 괴짜였던 거야? 치올콥스키나 고다드보다도 존재감이 없어 보이는데."

"너무하네……. 그렇긴 하지만, 1894년에 태어난 오베르트도 역시 어린 시절 쥘 베른의 『지구에서 달까지』에 빠졌었다고 해.

"그리고 '무언가' 바이러스에 감염됐어?"

"맞아. 그리고 박사 과정을 밟으면서 우주 여행 연구를 했어.

하지만 박사 논문은 합격하지 못했어."

"분명 시대를 너무 앞서갔던 거겠지."

"그의 논문을 이해할 수 있는 교수가 대학에 한 명도 없었다고 해."

"아아······."

오베르트

"교수는 논문을 수정하라고 요구했지만, 고집쟁이인데다 자존심이 강한 오베르트는 대학을 그만뒀지. 그리고 속으로 이렇게 되뇌었대. '하나도 아깝지 않아. 박사 학위 같은 게 없어도 당신들보다 위대한 과학자가 될 수 있다는 사실을 내가 증명해 보일테니까'라고."

"그 박사 논문에는 무슨 내용을 썼던 건데?"

"로켓의 원리는 물론 달 착륙, 소행성 탐사, 전기 추진, 그리고 화성 이주······."

"굉장하다! 100년 전이라고는 생각하기 힘든 혁신적인 내용이었구나!"

"그리고 오베르트는 거절당한 박사 논문을 책으로 출판했어. 제목은 『행성간 우주로 가는 로켓』. 이 책이 오베르트가 쥘 베른에게서 넘겨받은 그 '무언가'를 다음 세대에게 전달하는 역할을 했단다."

"나, 그 '무언가' 바이러스의 정체를 알 것 같아."

"뭐라고 생각하니?"

"나도 갖고 있는 거지?"

"응!"

"바이러스같이 전염되는 거지?"

"그렇지!"

"쥘 베른이 아직 본 적 없는 바다를 상상하거나, 로켓의 아버지가 누구도 생각한 적 없었던 우주 로켓을 상상하거나, 내가 아무도 밝혀내지 못한 트라피스트 1 행성 위의 공룡을 상상하거나……. 바로 이거야, 눈을 감으면 보이고, 마음속에서 들려 오고, 가슴이 두근두근 뛰는…….'

"그래!"

"음, 뭐라고 표현해야 할까……?"

"뭘까?"

"두근두근하기만 한 것도 아니고 쿵쿵거리는 것과도 다르고, 꿈이 현실이 되기 전의 무언가…….'

"그래, 그래."

"표현할 말이 없네……. 흥분, 호기심, 비전, 영감…….'

"맞아 맞아."

"상상력!"

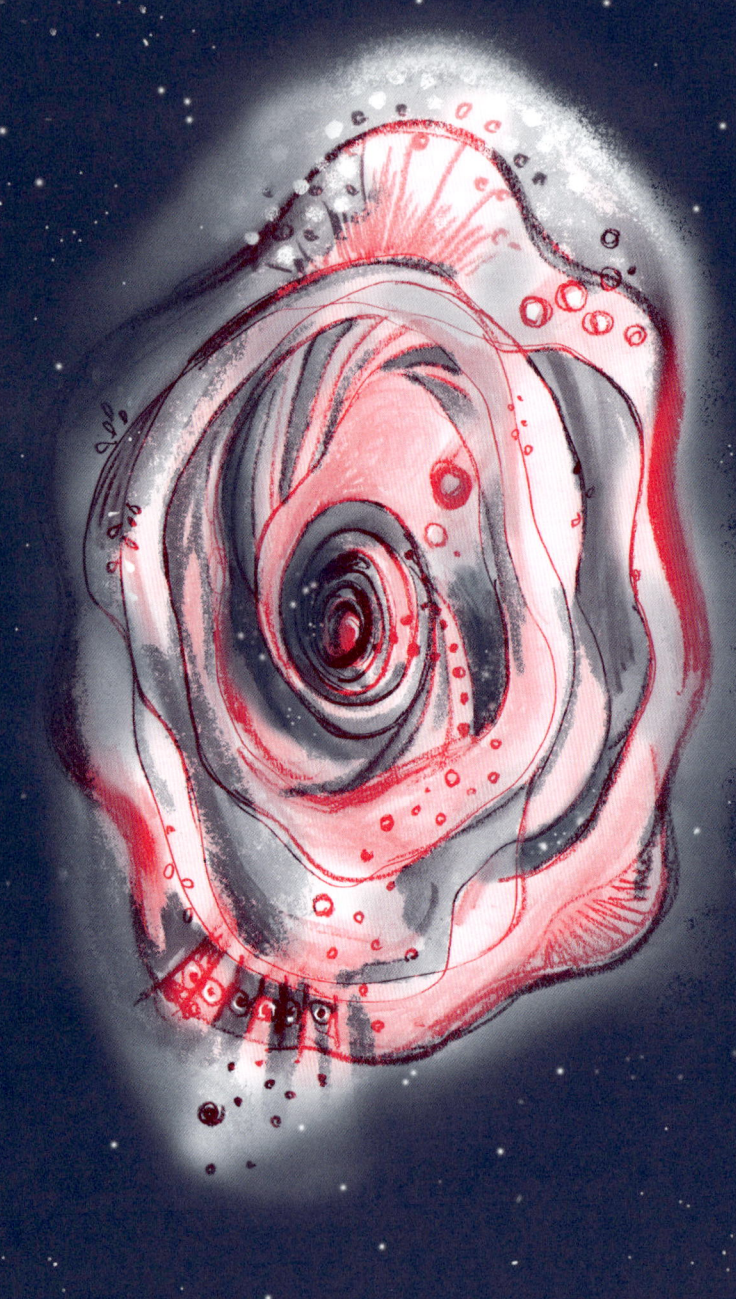

"그 말이 딱 어울리는 것 같아."

"눈앞에 보이지 않는 것, 아직 존재하지 않는 것들까지도 마음속으로 상상하는 힘!"

"바로 그거야. 상상력이야말로 인류 문명의 출발점이었다고 생각해. 인간이 눈에 보이는 것밖에 생각할 수 없는 생물이었다면, 아무리 뇌가 거대해도 아직 숲에서 수렵채집 생활을 하고 있었을 거야. 눈에 보이지 않는 것을 상상하고, 그것을 실현하고 싶다고 생각하면서 과학기술은 발달해 왔지."

"쥘 베른이 달나라 여행을 상상했고, 그 상상력에 감염된 로켓의 아버지들이 상상력을 실현시키기 위해 인생을 다 바쳐 노력한 거구나."

"우주 개발뿐만이 아니야. 시, 음악, 예술, 이야기, 마을, 길, 차, 컴퓨터, 휴대전화, 로봇, 인공지능도 모두 상상력의 산물이지."

"로켓의 아버지가 '괴짜'라고 불린 것도 분명 너무나 풍부한 상상력 때문이었을 거야. 다른 사람들에게 보이지 않는 것들이 보이니까."

"그래. 그리고 고집이 셌지. 아무리 사람들에게 비웃음을 사도 상상력을 실현할 수 있다는 신념을 굽히지 않았어."

"고집 센 사람들이 새로운 시대를 만드는구나!"

아빠는 눈을 가늘게 뜨며 상냥한 얼굴로 말했다.

"그래. 그러니까 미짱을 이상하다고 말하는 사람이 있어도 그냥 내버려 두면 되는 거야."

"맞아. 하지만……."

미짱의 얼굴에 다시 그늘이 졌다.

"친구가 사라지는 건 정말 싫은데……. 나는 로켓의 아버지처럼 완고하지 못한가 봐……."

"흐음."

아빠는 팔짱을 끼고 생각에 잠겼다. 미짱은 조금 불안한 표정을 지으며 아빠의 말을 기다렸다.

"그렇구나. 아빠도 어린 시절 친구들과 좀처럼 잘 어울리지 못하는 게 싫어서 '평범한 남자 아이'가 되려고 노력한 적이 있었어. 친구들이 좋아하는 이야기 주제에 맞추기 위해서 관심이 없는데도 모두가 보는 TV 프로그램을 보거나, 모두가 듣는 노래를 듣거나……."

미짱은 말없이 끄덕거렸다. 아빠는 다시 조금 더 생각을 해 본 뒤 말을 이었다.

"결국엔 아빠뿐만 아니라 모든 사람들이 많든 적든 그런 노력을 하고 있다고 생각해. 왜냐하면 사람들마다 성격도 좋아하는 것도 다르니까. '평범한 아이'란 어디에도 없는 거야. 아이들은 모두 각자 '이상한' 부분이 있으니까 그걸로 된 거야. 그래야 세상도 더 즐거워지는 법이거든."

"사실은 미아나 에밀리도 아직 우주를 좋아하는 걸까?"

"그럴지도 모르지. 성장하고 싶은 나이니까 아직 어린아이인 자신을 숨기려고 하는 거지. 아빠도 사실은 우주나 기차, 공룡 같은 걸 굉장히 좋아했지만 친구들과 이야기의 주제를 맞추기 위해서 숨겼던 적도 있거든."

"그랬더니 친구가 많이 생겼어?"

"하하하, 아니, 별로 그렇지 않았어. 아빠는 정말로 괴짜였나 봐. 그리고 고집도 셌지. 결국 무리해서 다른 사람들과 맞추려고 해도 아빠 스스로가 재미없었거든."

"외롭지 않았어?"

"외로웠어. 그래도 초등학교에선 별로 잘 맞는 친구가 없었지만 학원을 다니기 시작하니까 친구가 생겼어. 중학교와 고등학교에 가고, 대학이나 대학원에 가고, 어른이 되고, 세상이 넓어지면서 여러 사람과 만나는 동안, 꿈과 우주에 관해 깊은 이야기를 나눌 수 있는 친구도 찾게 됐어."

"나도 찾을 수 있을까?"

"그럼, 분명 찾을 수 있을 거야. 세상은 넓으니까. 나를 닮은 사람이 의외로 많이 있거든. 중요한 건 어렸을 때 가진 상상력을 잃지 않는 거야. 외로울 땐 친구들과 이야기를 나누면서 어울리면 돼. 하지만 상상력의 불씨만큼은 꺼지지 않도록, 확실히 마음 속 깊은 곳에 담아 두면서 비바람이 몰아쳐도 지켜내야지. 고집이 센 건 미짱의 특기잖아? 분명 미짱은 트라피스트 1에 갈 수 있을 거야. 어제의 꿈은 오늘의 희망이 되고, 내일의 현실이 된다."

미짱의 얼굴에 언제나처럼 환한 미소가 돌아왔다.

"아빠도 가끔은 멋진 말을 하네!"

"가, 가끔이라니……? 항상 좋은 말만 하는데……."

"항상 말만 많이 하지 뭐."

"그래도 엄마만큼 길지는 않잖아."

"그건 그래."

미짱의 아빠는 쓴웃음을 지으며 자리에서 일어나 부엌으로 향했다. 미짱은 커피 테이블 위에 놓인 붉은 책의 페이지를 팔랑팔랑 넘기면서 바라보았다. 곧 현관이 찰칵거리며 열리는 소리가 들렸다. 미짱은 책을 집어던지고 현관으로 달려갔다.

"앗, 엄마다. 엄마, 엄마, 엄마! 내 말 좀 들어 봐. 있지……."

칼럼

6 유명한 과학자는 '괴짜'들이다?

갈릴레오 갈릴레이
(1564~1642)

17세기, 망원경이 막 발명되었을 무렵 그것을 사용해 우주를 바라보면 무엇이 보일까 의문을 가진 사람이 바로 갈릴레오입니다.

그랬더니 어떤 일이 일어났을까요. 달에도 산이나 계곡이 있고, 태양에는 흑점이 있으며, 금성은 달처럼 모양이 변하고 목성에는 4개의 위성이 존재했습니다. 이것은 모두 갈릴레오가 발견한 것입니다.

그리고 갈릴레오는 이렇게 확신했습니다. 지구는 우주의 중심에 있는 특별한 장소가 아니라고, 그 전까지 널리 믿어왔던 천동설(지구의 주변을 태양이나 행성들이 돌고 있다는 생각)은 틀렸고, 코페르니쿠스의 지동설(지구나 다른 행성이 태양의 주위를 돌고 있다는 생각)이 옳다고요.

하지만 이런 생각은 당시 매우 비상식적인 것으로, 일부 과학자들조차도 비판했습니다. 나아가 성경에 '지구는 움직이지 않는다'고 기록되어 있었기 때문에 가톨릭 교회로부터 비판을 받았고 결국에는 로마 교황에게 지동설을 주장해선 안 된다는 명령을 받았습니다. 괴짜일뿐 아니라, 위험한 사상을 가진 사람이라고 낙인 찍힌 것이지요.

아이작 뉴턴
(1642~1727)

    뉴턴은 만유인력과 미적분을 발견했고, 뉴턴역학을 완성시킨 역사상 가장 유명한 과학자이며 수학자 중 한 사람입니다. 뉴턴역학이 굉장한 이유는 작은 모래알부터 거대한 별까지, 모든 사물의 운동을 하나의 법칙으로 설명했기 때문입니다.
    그러한 뉴턴도 상당한 '괴짜'였습니다. 생각에 몰두하면 다른 것은 전혀 머리에 들어오지 않는 사람이지요. 어느 날은, 무언가를 생각하며 달걀을 삶으려다 실수로 시계를 삶은 적도 있다고 합니다. 달걀은 손에 쥔 채였습니다. 또 어떤 날은 말의 고삐를 잡은 채 생각을 하면서 걷다가 말이 도망가서 먼저 집에 돌아갔는데도 눈치채지 못하고 고삐를 잡은 채 계속 걸었다고 합니다. 신비한 연금술 연구에도 열중했었다고 하네요.

알버트 아인슈타인
(1879~1955)

　모든 사람이 알고 있는 천재, 아인슈타인. 그의 일반 상대성 이론은 지금도 우주의 기본 법칙으로 여겨지며 빅뱅이나 블랙홀도 이 이론이 없다면 설명할 수 없습니다.
　하지만 어린 시절의 아인슈타인은 '천재'와 거리가 먼 아이였다고 합니다. 그는 두 살이 될 때까지 말을 잘하지 못해서 걱정이 된 부모님이 의사에게 데리고 갔을 정도였다고 해요. 그 후에도 말하는 것을 어려워해 다른 사람에게 말을 하기 전에 작은 목소리로 소리내어 말하면서 발음을 확인하는 버릇이 있었다고 합니다. 가족들은 그의 지능에 문제가 있는 것이 아닐까 걱정했고, 학교 친구들은 그를 '바보'라고 부르곤 했습니다. 거기다 반항적인 성격이었던 탓에 학교에서 퇴학을 당했는데, 이 때 선생님은 '이 아이는 큰 사람이 될 수 없다'는 말을 했다고 합니다.
　어른이 되어 위대한 발명을 했을 때에도 그는 말이 아닌 그림을 떠올리며 생각했다고 합니다. '먼저 아이디어를 떠올리고, 그 후에 그것을 표현할 말을 찾는다'고 그 스스로도 이야기했습니다.

쉬어가기

우주 이야기
도넛만큼 달콤한

7
우주는 어디에 있을까?

로스앤젤레스에 드물게도 비가 촉촉하게 내리는 날, 아빠가 자동차를 타고 미짱을 데리러 학교에 가 보니 미짱은 벌써 문 앞에서 기다리고 있었다. 차를 발견한 미짱은 전력 질주해서 차에 오르더니 바로 수다를 떨기 시작했다.

"저엉~말, 너무 늦게 왔잖아. 전부 다 젖어 버렸어. 그런데 아빠, 들어 봐! 오늘 계속 생각한 건데."

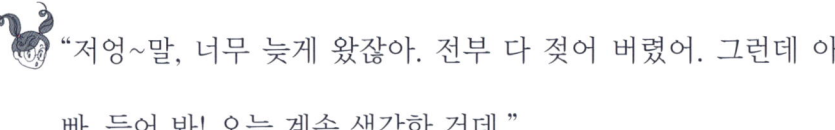"그래, 뭘까? 좋아하는 사람이라도 생겼니?"

"어머나, 다 큰 숙녀에게 그런 걸 물어보다니 너무 실례라고 생각하지 않아요?"

"미, 미안해……. 그래서, 뭘 생각했는데?"

"있지, 우주는 어디에 있는 거야?"

"…… 응? 무슨 뜻이야?"

"우리 집은 로스앤젤레스에 있잖아?"

"응."

"로스앤젤레스는 캘리포니아주에 있고?"

"응."

"캘리포니아주는 미국에 있지?"

"응."

"미국은 지구에 있잖아?"

"그렇지."

"지구는 태양계에 있는 거고?"

"응."

"태양계는 하늘의 은하수에 있지?"

"응."

"하늘의 은하수는

국부은하군에 있는 거고?"

"그렇지."

"국부은하군은 처녀자리 초은하단에 있지?"

"으, 으응."

"처녀자리 초은하단은 우주에 있는 거잖아?"

"응."

"그러면 우주는 어디에 있는 거야?"

"흐음…….'

"에잇, 아빠! 듣고 있는 거야?"

"물론 듣고 있어. 생각하는 중이잖아, 미짱의 훌륭한 질문에 어떻게 답해야 할지."

"선생님께 여쭤봤는데 '좋은 질문이네요, 이번에 조사해 오세요'라고 하셨어. 그래서 도서관에 가서 책이나 도감 같은 걸 샅샅이 뒤져 봤어. 인터넷으로도 찾아봤어. 하지만 아무 데도 쓰여 있질 않아! 이상하지 않아? 무언가를 숨기고 있는 것 같잖아! 무언가 알게 되면 큰일나는 진실이 있는 거야? 정부가 정보를 통제하고 있는 거야?"

"그런 게 아니야. 음, 이건 과학으로는 대답하기 어려운 질문일지도 모르겠다."

"어째서? 망원경의 성능이 점점 좋아지면 우주 밖까지 볼 수 있는 거 아니야?"

"하지만 만약 무언가가 보인다면 그건 우주 안에 있는 것이 아닐까."

"무슨 뜻인지 모르겠어."

"왜냐하면 '보인다'는 건 빛이 전반(傳搬)한다_{옮긴이 설명: 에너지가 퍼져 나가는 것}는 뜻이잖아. 빛의 전반이란 물리 현상은 이 우주의 물리 법칙의 결과이니까……"

"음, 그렇다면 우주는 무한히 이어져 있는 거야?"

"우주의 넓이가 무한한지 유한한지도 아직 알 수 없어."

"어째서? 유한하다면 우주의 끝이 보이는 거 아니야?"

"아니, 우주는 팽창하고 있기 때문에 멀리 떨어져 있거든. 빛보다 빠른 속도로 지구와 멀어지면 볼 수 없게 되는 거지."

"하지만 유한하다면 어딘가에 지구의 끝과 닿은 벽이 있을 거 잖아?"

"아니, 그렇다고도 할 수 없어."

"점점 더 알 수 없어지네! 벽이 없는데 무한하지 않은 거야?"

"자, 그럼 우리 지구를 생각해 보자. 지구의 표면적은 무한하지 않잖아?"

"응."

"하지만 지구 위를 아무리 걷거나 헤엄쳐 가도 지구의 끝에 도달하지 못하지?"

"응, 한 바퀴를 돌아서 제자리에 오는 거잖아."

"어쩌면 우주도 그럴지도 모르지."

"어엉? 그러면 우주선으로 계속 날다 보면 우주를 한 바퀴 돌아 지구로 돌아올지도 모른다는 뜻이야?"

"그럴지도 모르고, 그렇지 않을지도 모르지."

"정말 정말 모르겠다!"

"예를 들어, 우주는 고차원의 도넛 형태를 하고 있을지도 모른다는 거지."

"도넛?"

"그래. 도넛 위에 미짱이 서 있으면 언제까지고 계속 걸어갈 수 있잖아? 하지만 동그란 상태인 우주와 달리 나선 상태인 도넛을 도는 거니까 딱 맞춰 원래 자리에 돌아온다고는 장담할 수 없게 되지."

"굉장하다! 더 이상한 형태일지도 모르겠네?"

"그럴지도 모르지. 하지만 지금은 우주 전체를 볼 수 있는 방법이 없으니까, 어떤 형태를 하고 있는지 정확히 아는 건 불가능할 거야."

"내가 그럼 나중에 우주선을 만들어서 확인하러 가야지!"

"하하하, 하지만 우주를 한 바퀴 돌고 오려면 몇 백억 광년이 걸릴지 모르는걸."

"그렇구나."

"과학으로도 도저히 알 수 없는 일도 있단다."

"우주가 어디에 있는지도 말이지?"

"음, 그건 과학이라기보단 철학적인 질문일지도 모르겠네. 알 수 없기 때문에 어떤 상상력도 허용된다. 예를 들면…"

"우주는 전부 공상이라 컴퓨터가 만들어 낸 이야기라든가?"

"그래, 그래."

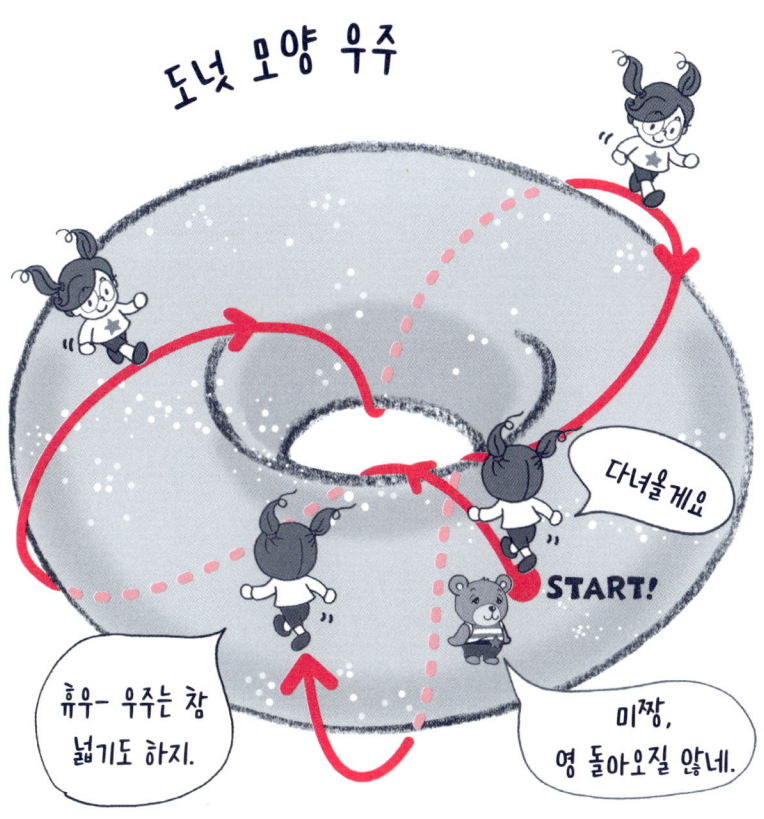

"누군가가 어항에 우주를 가득 넣어서 관찰하고 있다거나?"

"그럴지도 모르지!"

"거대한 우주인이 만든 도넛이라 이제 곧 먹히게 되어 버릴지도 몰라!"

"그건 큰일이잖아!"

"아, 좋은 생각이 났다!"

"뭔데?"

"콜로라도 거리에 새로 생긴 도넛 가게에 들렸다 가자!"

"좋아! 하지만 엄마한텐 비밀이야!"

칼럼

7 우주의 숨은 주인공, 다크매터와 다크에너지

"아, 도넛 냄새가 나네. 어서 오세요."
"불러도 늘 일어나지 않으면서 간식에는 민감하다니까! 곰곰아, 알고 있어? 우주는 도넛 모양을 하고 있을지도 모른대!"
"도~넛, 도~넛."
"듣고 있는 거야?"
"듣고 있지 그럼. 우주는 거대한 도~넛~, 그 안엔 뭐가 들어 있을까?"
"좋은 질문이야! 우주 안에 들어 있는 것들 중 대부분은 아직 알려지지 않았어!"
"으응~? 별이나 은하 같은 게 들어있는 거 아니야?"
"그렇긴 한데, 별이라든가 은하라든가, 나나 곰곰이의 몸을 만드는 물질은 전체 우주 에너지의 겨우 5% 밖에 안 된대!"
"에너지? 뭐가 들어있을지 이야기하는 게 아니었어?"
"봐, 아인슈타인이 질량과 에너지는 같은 것이라고 했잖아. 그러니까 무게가 나가는 물질은 모두 에너지인 거야."
"나도 에너지야?"
"그래! 곰곰이 체중은 100g 정도겠지? 음, 이 책에 나와 있는 표를 보면……."
"도넛 먹어도 돼?"
"응."
"도~넛."
"아, 여깄다!! 너는 약 9천조 줄 정도네!!"
"구, 구천조!?"
"응! 가솔린을 약 20만t 태울 수 있을 정도의 에너지!"
"앗, 내가 그렇게 열정적인 곰돌이는 아닌데……."
"곰곰이가 완전히 소멸해서 전부 에너지가 됐다고 생각했을 때의 이야기지만!"
"싫어~ 그런 건."
"그래도 우주의 모든 에너지 중에 남은 95%는 아직 정체불명이라고 해!"
"오호~ 안에 뭐가 들어있는지 알 수 없는 도~넛?"
"그 중 27%는 다크매터고 68%는 다크에너지라고 해. 우리나라 말로 하면 암흑물질과 암흑에너지지."

"암흑……? 먹을 수 있는 건가~."

"다크매터는 정체불명의 물질이야. 중력 이외의 힘은 작용하지 않으니까 뭐든 유령처럼 통과해 버린대!"

"유령? 좀 무서워지는걸~."

"지금 이 방을 날아다니고 있을지도 몰라. 하지만 뭐든지 통과해 버리니까 보거나 만질 수 없어. 그래서 정체불명인 거야!"

"먹지도 못해?"

"응. 하지만 우주에 은하나 별이 생긴 건 다크매터가 물질을 중력으로 긁어모아 주었기 때문이야! 우주의 숨은 주인공이라고 할 수 있지!"

"멋지다! 그럼 다~크에너지~는 먹을 수 있을까~?"

"다크에너지는 더욱 더 알 수 없는 존재야. 우주가 점점 팽창하는 원인이라고 해! 이것도 숨은 주인공이라고 할 수 있지!"

"그것도 전부 이 방에 있는 거야~?"

"응, 만약 지금 이론이 틀리지 않는다면, 공간의 어디에나 존재하는 에너지래. 그러니까 이 방에도, 곰곰이나 내 몸 안에도 있는 거야!"

"그럼 나도 우주와 함께 팽창하는 거야? 기다리고 있으면 이 도넛도 커지는 거고?"

"아쉽네~. 곰곰이의 몸이나 도넛은 더 강한 전자기력 같은 힘과 연결돼 묶여 있기 때문에 풍선처럼 부풀어 오르진 않아!"

"흐음~ 그럼 역시 지금 먹어 버려야지~."

"나도 먹을래! 아, 곰곰이 너 피넛 버터를 먹어 버리면 어떻게 해!!"

"먼저 먹는 사람이 임자지~."

여러분은 어느 정도의 에너지일까요?

아인슈타인은 무게가 있는 모든 물질이 에너지라고 했습니다.
여러분은 그럼 어느 정도의 에너지일까요?

질량(지구에서의 체중)	에너지	같은 에너지를 얻기 위해 태워야 하는 가솔린 양
0.1kg(100g)	약 9천조 줄	약 20만t
30kg	약 270경 줄	약 6천만t
40kg	약 360경 줄	약 8천만t
50kg	약 450경 줄	약 1억t

PART 2

영광과 어둠
폰 브라운의
천재 로켓 기술자

8

사상 처음으로 우주에 간 수수께끼 로켓, V2

여름 저녁, 아빠가 일을 마치고 집으로 돌아왔지만 거실에는 아무도 보이지 않았다.

"다녀왔습니다!"

큰 소리로 인사하자, 미짱이 꼭 닫힌 문 저 너머에서

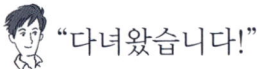"어서오세요."

하며 매정하게 대답했다. 냉정하구나 싶으면서도 최근에 마음대로 미짱의 방문을 열면 화를 내기 때문에 그냥 두기로 했다. 언뜻 보니 식탁 중간에 레고로 만든 로켓이 여봐란듯이 놓여 있었다. 아빠는 '흐음, 잘 만들었네'하고 감탄한 뒤 로켓이 망가지면 안 된다는 생각을 하면서 식탁의 가장자리로 슬쩍 옮겨 놓고는 컴퓨터

를 켜고 메일에 답장을 하기 시작했다.

5분 정도 일을 하고 있었더니 쾅! 하는 요란한 소리를 내며 방문을 연 미짱이 새빨간 얼굴을 하고는 도깨비 같은 모습으로 아빠에게 달려왔다.

"아빠, 나 좀 봐 아빠빠빠빠빠!!"

"네, 네, 네, 무슨 일이십니까?"

"전혀 눈치 못 챈 거야?"

"어, 글쎄……."

아빠는 미짱이 왜 그러는지 힘껏 생각했다.

"'글쎄'라고 말하면 안 되지! 아빤 정말 눈치도 없이! 이것 봐! 눈앞에 있잖아!"

그렇게 말하며 미짱은 레고 로켓을 손으로 가리켰다.

"아아, V2구나, 정말 잘 만들었네!"

아빠는 자랑하고 싶으면 처음부터 그렇게 말하면 좋았겠다고 생각했지만 입 밖으로 말하지는 않았다.

"맞아 정답, 독일의 V2 로켓!"

미짱의 표정이 갑자기 밝아졌다. 아마도 알아봐 준 것이 기뻤던 모양이다. 아빠는 한숨을 돌렸다. 요즘은 기분을 맞춰 주기가 쉽지 않다.

"그건 그렇고 V2라니, 투박한 물건을 만들었네."

"투박하지 않아! 1944년에 역사상 처음으로 우주에 간 로켓지은 이 설명: 원래 지구의 대기권과 우주 사이에 명확한 경계는 없다. 고도가 올라가면 점점 공기가 줄어들면서 우주에 다다른다. 현재 '우주 공간'이란 고도 100km의 '카르만 라인'에서 시작한다고 정의하고 있다. 이 정의에 따르면 최초로 '우주 공간'에 도달한 인공물은 독일의 V2 로켓이었다. 단, 카르마 라인이 정의된 것은 V2의 비행 이후에 일어난 일이었다.이란 말야!"

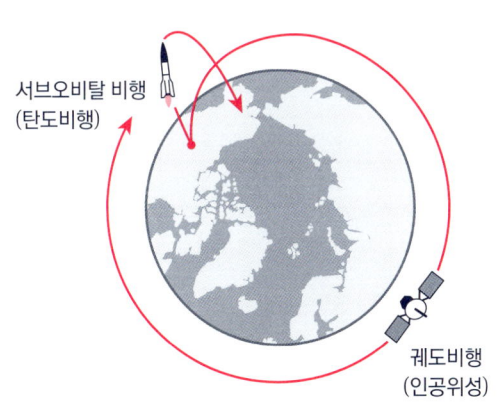

"역시 잘 알고 있구나!"

"하지만 왜 일반적으론 V2가 아니라 소련^{지은이 설명: 소비에트 연방의 줄임말. 1922년부터 1991년까지 존재했던 국가. 러시아, 우크라이나, 벨라루스 등 15개 나라로 분열되었다.}의 스푸트니크가 인류 최초로 우주에 간 것처럼 이야기하는 거야?"

"V2는 쏘아 올린 후에 우주에서 바로 떨어지는 탄도비행이었지만 스푸트니크는 인공위성으로 지구 주변을 계속 도는 궤도비행을 했으니까."

"확실히 탄도비행이 훨씬 간단하긴 하지만 그래도 미국의 첫 우주비행사라고 하면, 처음으로 궤도비행을 한 존 글렌이 아니라 그 전에 탄도비행을 한 앨런 셰퍼드를 꼽잖아. 그러니까 처음으로 우주에 간 건 스푸트니크가 아니라 V2일 텐데 왜 도감에선 V2에 대해 조금밖에 나와 있지 않은 걸까? 마치 일부러 피하는 것 같은 느낌이야."

"으음, 확실히 그럴지도 모르겠네."

"뭔가 숨겨진 비밀이 있는 거야?"

미짱의 눈이 호기심으로 반짝였다.

"아니, 비밀은 아니지만……."

"아, 알았다. 종종 말하는, 어른이 아이들에게 말해 주고 싶지 않은 종류의 이야기구나. '어른의 사정' 같은 거!"

"뭐, 그렇다고 할 수도 있겠네……."

"가르쳐 줘, 너무 궁금하단 말이야!"

"이야기가 꽤 길 텐데, 괜찮겠어?"

"아빠 이야기가 긴 것에는 익숙해졌으니까."

"꽤나 어두운 이야기인데, 괜찮아?"

"무서운 이야기?"

"응, 조금."

"유령 같은 게 나오는 이야기야?"

"그건 아니야."

"그러면 괜찮아."

"좋아. V2의 개발을 이끈 건 폰 브라운이었는데……."

"알아! 독일에서 태어나서 미국으로 이민 간 천재 로켓 기술자! 아폴로 계획으로 새턴 V 로켓을 개발한 사람이지! 전체 길이 111m, 무게 2,970t, 달로 사람을 보낸 미국 최초의 인공위성 익스플로러 1호나 미국에서 처음으로 사람을 태워 보낸 우주선인 프리덤 7을 발사한 로켓도 폰 브라운이 개발했잖아."

"하하하, 역시 똑똑하네. 그 폰 브라운이 원래는 나치였던 걸 알고 있니?"

"뭐어어어어!? 나치라면, 히틀러당이잖아? 2차 세계대전을 일으켜서 몇 백만 명이나 되는 유대인을 학살한 그 엄청나게 나쁜 나치?"

"그래……. 실은 V2는 폰 브라운이 나치를 위해 개발한 탄도미사일이었어."

"미사일? 우주에 가기 위해서가 아니고?"

"응, 폰 브라운은 어디까지나 순수하게 우주를 동경했지만."

"그런데 왜 나치 같은 데에 협력한 거야?"

"그러게 말이야……. 꿈을 이루기 위해서 악마에게 영혼을 팔았다고나 할까."

"싫다, 무서운데…….『파우스트』같잖아……."

"바로 그거야."

"왜? 어째서 우주에 가기 위해 히틀러 같은 사람에게 영혼을

팔아야 했던 거야?"

"음, 그건 굉장히 어려운 질문이네. 설명하기 무척 까다로운 일이지만……."

"숨기지 말고 전부 말해 줘! 나를 어린아이 취급하는 건 싫단 말이야!"

"그래 좋아. 그건 그렇고, 배고프지 않니? 긴 이야기를 하기 전에 배부터 채워야지!"

8 우주 로켓의 조상은 탄도미사일?

우주에 가는 로켓과 전쟁에 사용되는 탄도미사일은 거의 같습니다. 양쪽 모두 진공의 우주 공간을 고속으로 비행하기 위한 로켓 엔진과 추진제(연료와 산화제) 탱크, 그리고 목적하는 궤도나 공격 목표를 향해 정확히 비행하기 위한 유도장치(센서와 컴퓨터)가 들어 있습니다. 차이점이 있다면, 로켓의 선단에 무엇을 싣는가입니다.

우주로 향하는 로켓에는 우주선이나 인공위성, 우주탐사기 등이 실립니다. 반면에 미사일에는 폭탄이 실리게 됩니다.

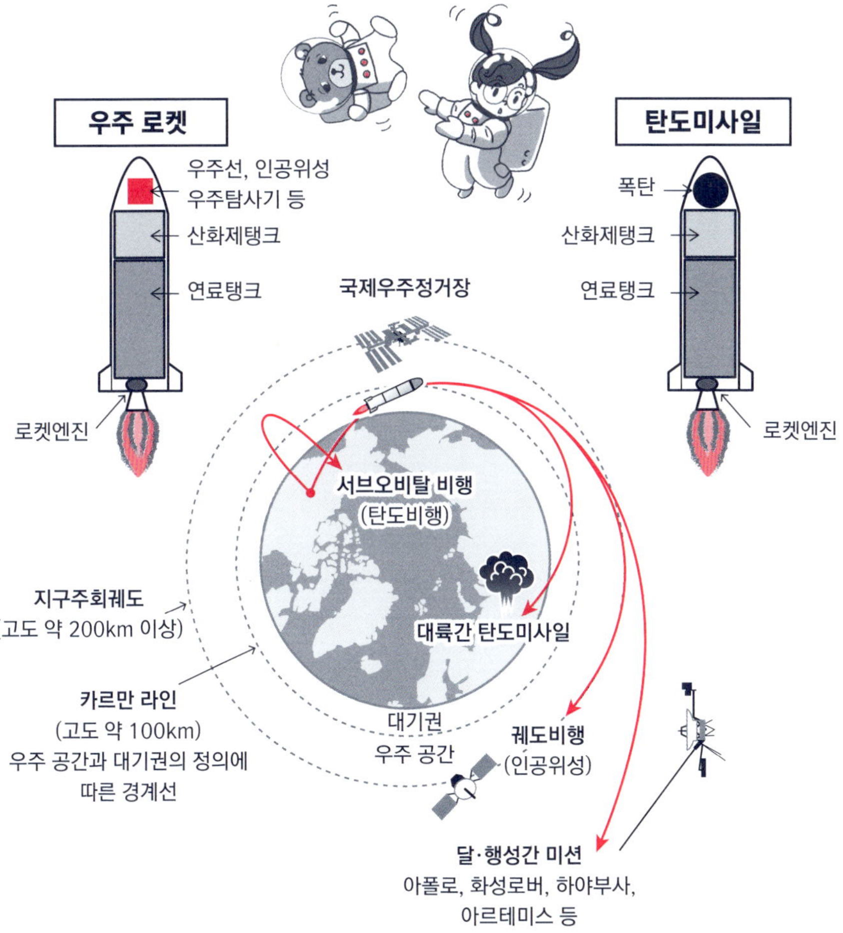

미사일·로켓의 '가계도'

① 운용 기간　② 개발 국가·개발 기관　③ 실적

 V2
① 1944~1945년
② 독일 육군
③ 사상 처음으로 우주 공간에 도달한 인공물(10장 참조)
Image : NASA

레드스톤
① 1952~1964년
② 미국 육군
③ 미국의 첫 인공위성(익스플로러 1호), 미국 첫 유인탄도우주비행(머큐리 프리덤 7)(13장 참조)
Image : NASA

 토르
① 1957~1963년
② 미국 공군
③ 미국 공군 최초로 실전 운용 가능했던 탄도미사일
Image : US Air Force

토르 델타
① 1960~1962년
② 미국/NASA
③ 세계 첫 통신위성 에코 1호 등을 발사
Image : NASA

 아틀라스
① 1957~1965년
② 미국 공군
③ 미국 첫 유인궤도주회비행(머큐리 프렌드십 7)
Image : NASA

아틀라스 센타우르
① 1962~1983년
② 미국/콘베어 사
③ 마리나, 서베이어 등을 발사
Image : NASA

　현대의 우주 로켓 중 많은 것들이 조상을 거슬러 올라가다 보면 탄도미사일에 이르게 됩니다.
　예를 들어 세계에서 가장 많이 발사된 로켓인 러시아의 소유즈는 소련이 미국을 공격하기 위해 개발한 R7(169쪽 참조)이란 미사일을 개량해 만든 것입니다. 일본에서 이전

 원래는 탄도미사일로 개발된 로켓

 우주로 쏘아 올리기 위해서만 사용된 로켓

델타
① 1962~1990년
② 미국/맥도넬 더글러스 사
③ 다음 모델인 델타Ⅱ와 함께 300회 이상 발사
Image : NASA

NⅠ, NⅡ, HⅠ
① 1975~1992년
② 일본/우주개발사업단(NASDA)
③ 키쿠, 히마와리 등을 발사
ⓒ JAXA

델타Ⅱ
① 1989~2018년
② 미국/ULA 사
③ 화성로버 스피릿, 오퍼튜니티, 케플러 우주망원경 등을 발사
Image : NASA

델타Ⅳ, 델타Ⅳ 헤비
① 2002년~
② 미국/ULA 사
③ 오리온 시험기, 파커 솔라 프로브 등을 발사
Image : NASA

아틀라스 G, I, Ⅱ
① 1990~2004년
② 미국/록히드마틴 사
③ SOHO, TDRS 등을 발사
Image : NASA

아틀라스 Ⅴ
① 2002년~
② 미국/ULA 사
③ 화성로버 큐리오시티, 명왕성 탐사기인 뉴 호라이즌스 등을 발사
Image : NASA

에 사용했던 NⅠ, NⅡ, HⅠ로켓의 제1단도 조상은 미국의 토르라는 미사일입니다.

한편, 미사일로 개발된 것이 아니라 처음부터 우주에 가는 것을 목적으로 만들어진 로켓도 많이 존재합니다. 예를 들어, 아폴로 계획에 사용된 새턴, 스페이스 셔틀, 미국 민간기업 스페이스X가 개발한 팔콘, 그리고 일본의 HⅠ, HⅡ A/B, H3 등이 있습니다.

9

우주를 향한 꿈에 숨어드는 전쟁의 그림자

 미짱은 레고로 만든 V2를 손에 들고 복잡한 표정으로 바라보고 있었다. 아빠는 전자레인지에 넣고 데운 반찬들을 꺼내어 식탁 위에 올렸다.

 "그런데 오늘 엄마는 어디 갔을까?"

 "아빠는 정말 다른 사람 말을 안 듣네. 거래처랑 저녁 약속이 있어서 롱비치에 간다고 했잖아."

"그럼 늦게 오겠네."

"그래서, 폰 브라운 이야기는?"

"그럼 어디서부터 시작을 해야 하나……."

아빠는 미짱과 마주보고 앉아 젓가락으로 반찬을 집으며 이야

기를 계속 이어갔다.

"베르너 폰 브라운은 1912년 독일에서 태어났어. 그가 우주에 사로잡히게 된 건 바로 미짱과 비슷한 나이쯤이었대. 열세 살 생일에 어머니께서 작은 망원경을 선물해 주셨거든. 그 후 바로 거기에 빠져 버렸지."

"알 것 같아! 나도 망원경을 볼 때마다 감동하는걸. 달의 구덩이(크레이터)라든가, 매일 위치를 바꾸는 목성의 위성이라든가, 예쁜 토성의 띠 같은 것들! 아아, 저기에 갈 수 있으면 얼마나 좋을지 생각해. 안드로메다 은하가 보였을 때도 감동했지! 그 흐린 빛의 구름 속에 몇 천억 개나 되는 별들이 있다니! 로맨틱하잖아. 분명 그 어딘가에 문명이 세워진 행성이 있고, 밤에 망원경으로 은하수를 보며 우리와 똑같은 상상에 젖어 있을 아이들도 있겠지."

"아이구 미짱, 젓가락을 움직여야지. 우리 밥 먹으면서 계속 이야기하자고."

"분명 폰 브라운도 100년 정도 전에 망원경을 들여다보며 상상력을 키워 갔을 거야."

"그래. 폰 브라운은 기숙사가 있는 중학교와 고등학교에 입학했는데, 마음속엔 늘 우주가 있었대. 그래서 수업 중에 공책의 남은 공간에 우주선 그림을 그리거나……."

"나도 그러는데!"

"우주 여행에 가지고 갈 물건 목록을 만들어 보거나……."

"그것도 했어!"

"179쪽이나 되는 천문학 책을 쓰기도 했어."

"그건 안 해 봤는데……. 그럼 폰 브라운은 우주 이외에 좋아하는 건 있었던 거야?"

"하하하, 어땠을까? 초등학생 시절에는 만들기를 좋아했다고 해. 재료비를 벌기 위해서 할머니께 선물로 받은 조류도감을 고서점에 팔기도 했대."

"새에겐 관심이 없었구나……."

"응, 미짱이랑 똑같이 관심이 있는 것과 없는 것이 확실하게 드러나는 성격이었나 봐."

"하지만 관심 없는 걸 해야 한다면 괴롭기만 하니까."

"그리고 꽤나 개구쟁이였다고 해. 중학교 시절엔 로켓 실험을 하다가 산불을 일으켰어. 고등학교 여름 방학 때는 가지고 있는 용돈을 모두 털어서 엄청난 양의 로켓 불꽃을 사서 장난감 자동차에 감은 다음 불을 붙여 베를린의 거리를 폭주하다가 경찰에게 붙잡혔다고 해."

"그런 건 나랑 안 닮았네."

"그래? 얼마 전에 '신형 로켓 엔진 실험'을 한다면서 콜라에 멘토스를 넣다가지은이 설명: 콜라에 멘토스를 넣으면 거품이 솟구쳐 피어오른다. 미짱처럼 집을 콜라 범벅으로 만들지 않도록 어른과 함께 실험하는 것이 좋다. 침실을 콜라로 뒤덮어 버린 사람이 누구였더라?"

"아니야, 작은 실수가 있어서 폭발한 것뿐이지. 그때 엄마한테 걸리지 않았으면 제대로 날았을 거야! 에디슨은 전구를 발명하기 전까지 몇 번이고 실패했는데?"

"알겠어, 하지만 부탁이니까 집을 태우지는 말아 줘. 아직 대출금도 다 갚지 못했는데."

"네에. 그런데 폰 브라운은 공부를 잘했어?"

"잘하지 못했대. 특히 수학이랑 물리를 어려워했대."

"엉? 그런데 어떻게 로켓을 만든 거야?"

"변화하게 된 계기는 바로 그 책이었어. 예전에 미짱이 '존재감 없는 로켓의 아버지'라고 부른 오베르트가 쓴 『행성간 우주로 가는 로켓』 말이야. 잡지에 소개된 것을 발견한 뒤부터 관심을 갖게 되었대. 그걸 읽으면 우주에 가는 로켓을 만드는 방법을 알 수 있다고 생각했나 봐."

"쥘 베른이 품은 우주 여행에 대한 상상력이 『지구에서 달까지』를 통해 오베르트에게 전염되었고, 그게 또 『행성간 우주로 가는 로켓』을 통해 폰 브라운에게 전해진 거구나!"

"상상력은 그렇게 한 세대에서 다음 세대로 이어져서 넘어가는 거지. 하지만 폰 브라운은 두근대는 마음으로 책을 펼쳐 봤다가 크게 실망했다고 해. 의미를 알 수 없는 수식만 가득 쓰여 있었으니까."

"나도 산수는 별로야……."

"그래서 폰 브라운은 선생님에게 책을 가져갔어. 그리고 물었지. '어떻게 하면 이 책을 이해할 수 있게 될까요?' 하고."

"선생님은 뭐라고 했대?"

"수학과 물리를 공부하라고 조언했대."

"하아……. 그렇지……. 우주나 공룡 같은 건 정말 좋아하지만 수학이 나오면 어렵다니까……."

"그날부터 폰 브라운은 사람이 변한 것처럼 맹렬히 공부했어. 그리고 고등학교에 진학할 무렵엔 수학과 물리 성적이 눈에 띄게 좋아져서 1년이나 월반해서 졸업했대."

"우와! 그럴 수도 있는 거야?"

"좋아하는 우주를 위해선 뭐든지 할 수 있다고 생각했겠지. 미짱도 해 볼래?"

"으음, 아직은 괜찮아. 폰 브라운은 중학생이 된 후부터 수학을 열심히 공부해서 천재 로켓 기술자가 됐잖아. 나는 아직 초등학생이니까 완전 여유 있네."

"넉살도 좋네. 그러고 보니 숙제는 했니?"

"그런데 말이야, 폰 브라운은 로켓뿐만 아니라……."

"숙제는 했어?"

"우주정거장이나, 우주비행기 같은 아이디어도 생각해 냈고……."

"숙제는 했냐고요?"

"1950년대에 디즈니의 TV 방송에서 우주선 아이디어를 발표하거나……."

"어이 미짱, 질문에 대답해!"

"아, 아직 안 했는데……."

"제대로 끝내야지."

"에잇, 아빠가 해 주는 긴 이야기가 끝나면 할 거야."

"아빠의 재미있는 이야기 말이지?"

"그래서, 폰 브라운은 고등학교를 졸업하고 나서 어떻게 됐어?"

"1930년에 명문인 베를린 공과대학에 진학하기 위해 베를린에 돌아왔대. 마침 베를린의 '황금의 20년대'라고 불리던 시절이 끝나갈 무렵이었는데."

월트 디즈니(왼쪽, 디즈니의 창립자)와 폰 브라운(오른쪽).
ⓒImage : NASA

"황금?"

"그래. 독일이 1차 세계대전에서 진 것이 1918년, 2차 세계대전을 시작한 것이 1939년이야. 잠깐 동안 누린 평화롭고 자유로웠던 시절이지. 베를린에는 예술가나 음악가가 많이 모여들어서 세계적인 영화 산업의 중심지가 되었고, 젊은이들은 제일 유행하는 패션을 따르며 밤에는 춤을 추거나 노래를 하기도 하고, 코미디 쇼를 보여주는 레스토랑에 많은 손님들이 모이곤

했어. 어쩌면 딱 지금의 로스앤젤레스 같은 분위기였을지도 모르겠네."

"그거랑 우주가 무슨 관계가 있어?"

"꿈이 싹을 틔우고 꽃을 피우기 위해선 역시 자유가 필요하다고 생각해. 아주 가난한 환경에선 발명이나 창조 같은 게 불가능할 테니까."

"아빠도 잘 알고 있네! 그러니까 '숙제 해!'하고 끈질기게 잔소리를 하면 천재의 싹이 꺾여 버릴지도 몰라."

"자기 입으로 그런 말을 하다니……."

"그럼, 폰 브라운도 베를린에서 자유롭게 우주 로켓 연구를 한 거야?"

"정말 짧은 시간 동안은 그랬지. 그 외에도 베를린에는 폰 브라운처럼 우주를 향한 꿈에 도전하는 젊은이들이 있어서 'VfR'이라는 아마추어 로켓 그룹을 만들었어. 버려진 탄약 창고의 옛 자리를 빌려서 매일 밤 직접 로켓을 개발했지. 하지만 돈이 없었으니까 로켓이라곤 해도 장난감같이 작은 것이라 도저히 우주까지 날려 보낼 수 있는 것은 아니었고 몇 번씩 실험을 거듭

하며 성공과 실패를 반복하곤 했어. 폰 브라운도 그 멤버에 합류했다고 해."

"얼마 전에 아빠의 긴 이야기에 등장한 로켓의 아버지 고다드도 돈이 없어서 우주까지 날려 보낼 로켓을 만들지 못했잖아. 결국 우주 개발을 하다 보면 돈 때문에 현실적인 벽에 부딪히게 되는 거네……."

"우주 개발뿐 아니라 뭐든 그렇지. 아이디어를 생각해 내는 일은 돈이 없어도 할 수 있어. 하지만 아이디어를 실현시키기 위해선 사람을 채용하거나 재료를 사기 위해서 반드시 돈이 필요해지지. 단지 머리만 좋다고 위대한 발명가가 될 수 있는 건 아니라는 뜻이야. 아이디어를 정부나 자산가, 투자자들에게 설명해서 흥미를 갖게 만든 다음 돈을 보태 달라고 설득하는 것도 굉장히 중요한 일이야."

"나도 아이디어를 실현시켜야 하니까 용돈을……."

"아, 분명 그런 말을 할 줄 알았지. 안 됩니다."

"휴. 그래서 가난한 VfR 로켓은 어떻게 됐어?"

"다행히 투자자를 찾았어. 아니, 거의 다 찾았다고 하는 게 정

확하려나……."

"누구? 달 여행을 하고 싶은 자산가 같은 사람이야?"

"아니."

"그 시절에는 아직 NASA 같은 것도 없었잖아."

"그래."

"그럼 누구?"

"독일 군대였지."

미짱은 의아한 표정을 지었다.

"군대? 왜 군대가 우주 같은 것에 관심을 가졌지?"

"당시 독일은 다음 전쟁을 준비하기 위해 몰래 군사 시설이나 장비를 늘리고 있었어. 독일은 1차 세계대전에 패배한 후, 베르사유 조약으로 군비를 엄격하게 제한받았지만, 로켓…… 즉 미사일에 대해선 어떤 제한도 없었으니까. 당시에는 로켓이 설마 실용적인 무기가 될 수 있다고 생각한 사람이 아무도 없었어. 미국이나 소련도, 세계 어떤 나라도 미사일을 가지고 있지 않았고, 무기가 될 수 있다는 가능성을 눈치채지도 못했지. 그런 허점을 찌른 거야."

"너무 안타까운 생각이잖아……. 우주를 향한 순수한 꿈을 사람을 죽이는 데 이용하려고 하다니……."

"그렇지……. 폰 브라운과 그 동료들은 우주에 가고 싶어서 연구를 한 것뿐이었는데 말이야."

"독일군은 VfR의 로켓을 어떻게 해서 손에 넣으려고 한 거야?"

"1932년 봄, 검은 차가 갑자기 VfR을 찾아왔어. 차에서 3명의 사복을 입은 남자들이 내렸지. 사실 그들은 독일군의 기술 장교들이었던 거야……."

참고1 아직 누구도 본 적 없는 외계행성 세계를 여행하는 것을 상상하며, NASA의 작가가 그린 '여행 포스터'.

케플러16b라는 행성의 하늘에는 두 개의 태양이 있습니다. 연성(連星, 서로의 주변을 도는 두 개의 항성) 행성이기 때문입니다. 이곳을 여행한다면 스타워즈의 세계를 실제로 체험할 수 있겠네요!(다음 포스터는 213쪽)
NASA-JPL/Caltech

칼럼

9 수학을 못해도 과학자나 기술자가 될 수 있을까?

 "있지, 곰곰아~ 난 우주나 공룡을 좋아하지만 수학을 잘 못하겠더라~. 폰 브라운은 열심히 공부해서 극복했다던데 원래부터 재능이 있었던 걸지도 모르잖아…….”

 "음~ 나는 잘 모르겠는걸~ 누가 날 부르나~?"
"잠깐, 그게 무슨 말이야? 누가 널 부르다니……?"

　곰곰이가 천천히 팔을 휘두르니 미짱의 방 한구석에서 은하를 닮은 빛이 생기며 그 안에서 사람이 나왔다.

 "미짱, 반가워요!"
"당신은…… 나사 연구원이군요! 곰곰아, 그런 능력을 가지고 있었던거야?"
"고민이 있는 것 같네요."
"저는 미래에 과학자가 되어서 연구원 님처럼 우주에 가고 싶어요! 하지만 수학을…….”
"사실 과학이라고는 해도, 수학을 얼마나 쓰는가는 분야에 따라 다르지요. 예를 들어 빅뱅이나 블랙홀을 연구하기 위해선 아인슈타인의 일반상대성 이론이 필요하고, 굉장히 어려운 수학을 쓴답니다.”
"그럼 산수를 별로 쓰지 않는 분야도 있는 거예요?"

"맞아요. 예를 들어 혹성이나 태양계가 생겨난 과정을 조사하는 행성과학(플래네터리 사이언스)이나 지구 이외의 장소에 생물이 사는지 조사하는 우주생명학(아스트로바이올로지)이 그렇습니다. 우주비행사도 상대성 이론처럼 어려운 수학은 별로 사용하지 않아요."

"다행이네요! 그럼 수학을 꼭 잘하지 못해도 과학자나 우주비행사가 될 수 있는 것이군요?"

"그렇죠. 물론 어떤 분야라도 어느 정도의 수학은 사용하고, '문과'라도 경제학 같은 분야에서는 수준 높은 수학을 사용하잖아요."

"으앙, 그럼 역시 수학을 공부하긴 해야 하는 거네요?"

"굉장히 잘할 필요는 없지만, 제대로 공부를 해야 하는 건 맞지요."

"속상해."

"하지만 학교에서 배우는 수학과 어른인 과학자나 기술자가 사용하는 수학은 약간 다를 수도 있어요. 예를 들어 초등학교에선 직접 계산하는 연습을 많이 하지요?"

"네, 하지만 저는 그걸 잘 못해요……."

"걱정할 필요 없어요. 나도 자주 계산 실수를 하곤 했어요. 하지만 현대의 과학자나 기술자는 컴퓨터를 사용하니까 손으로 계산하는 경우는 거의 없어요."

"앗, 그럼 역시 연산은 공부하지 않아도 되는 거예요?"

"아니, 그런 뜻은 아니에요. 계산은 컴퓨터가 해 주지만 어떤 계산을 해서 문제를 풀어야 할지 인간이 컴퓨터에게 가르쳐 줘야 하니까요."

"프로그래밍 언어를 사용해 가르쳐 주는 거죠!"

"그래요! 미짱은 잘 알고 있네요."

"제가 컴퓨터를 무척 좋아하거든요!"

"훌륭하네요! 우주 개발엔 수학뿐만 아니라 여러 분야에 걸쳐 폭넓은 지식이 필요합니다. 컴퓨터도 물론 그렇고요. 인문계열 지식이나 커뮤니케이션, 팀워크나 리더십 같은 능력도 무척 중요합니다."

"저, 말하는 건 자신 있어요!"

"후후후, 그렇군요. 거기다 미짱은 좋아하는 게 아주 많으니까요!"

"맞아요! 우주도 공룡도 레고도 좋아해요!"

"그건 굉장히 중요한 점이에요. 저도 우주비행사 훈련이 힘들었지만 우주를 무척 좋아했기 때문에 전혀 괴롭지 않았거든요. 좋아하면 무엇을 하든 힘이 나니까요."

"연구원 님은 폰 브라운과 똑같네요! 저도 우주를 좋아하다 보면 잘 못하는 수학도 열심히 하게 될까요?"

"분명 나아질 거예요! 과학자도, 우주비행사도 될 수 있을 거예요!"

"저는 트라피스트 1에 가고 싶어요! 우주 공룡을 발견하고 싶어요!"

"저도 함께 갈 수 있을까요?"

"앗, 연구원 님도 함께요? 세상에! 약속한 거예요!"

"약속할게요! 다음엔 우주에서 만나도록 해요."

얼마나 어려운 수학이 필요한 걸까?

기초적인 수학만 사용하는 분야	• 우주비행사 • 관측천문학 • 행성과학 • 우주생물학 • 의학 • 수의학 • 생명과학 • 동물학 • 식물학 • 건축학 • 소프트웨어공학
조금 복잡한 수학을 쓰는 분야	• 우주궤도역학 • 로켓추진 • 인공지능 • 로켓공학 • 컴퓨터과학 • 기계공학 • 전기, 전자공학 • 화학공학 • 재료공학
아주 어려운 수학을 쓰는 분야	• 우주론 • 소입자론 • 이론천체물리학 • 유체역학 • 마이크로경제학

10

슬픔의 로켓

 "그래서, 독일군은 폰 브라운과 동료들을 유괴한 거야?"

 "그렇게 강제로 데려간 것은 아니야. 군은 먼저, VfR의 로켓이 사용할 수 있는 물건인지 알아보기 위해 실험을 제안했지. 성공하면 돈을 내주겠다는 조건을 걸고서."

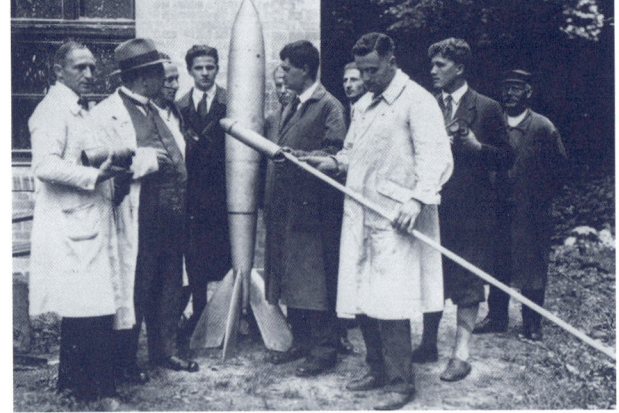

오베르트(오른쪽에서 5번째), 18세의 폰 브라운(오른쪽에서 2번째)과 VfR 회원들.
ⓒNASA

"성공했어?"

"크게 실패했대. 군은 VfR에게 실망했어."

"로켓 기술이 군에 넘어가지 않았으니까 잘된 거 아니야?"

"하지만 군은 더욱 중요한 사실을 눈치채게 되었어."

"그게 뭔데?"

"폰 브라운이라는 존재였지. 그는 그때 겨우 스무 살이었지만, 젊은 나이에 갖기 어려운 깊은 지식과 뛰어난 리더십, 그리고 카리스마가 있었거든. 독일군은 폰 브라운에게 빠졌어. 거기에서 VfR의 로켓을 사는 걸 포기하고, 대신 폰 브라운을 사기로 한 거야."

"무슨 뜻이야?"

"폰 브라운에게 독일 육군에 들어와서 로켓 연구를 하라는 제안을 한 거지. 물론 연구비는 군이 내줄 것이고."

"앗, 그래서 폰 브라운은 어떻게 했어?"

"주저 없이 그 제안을 받아들였지. 그리고 그 이후로, 2차 세계대전이 끝날 때까지, 독일 육군에서 로켓……, 즉 미사일을 개발하는 일을 했어."

"어째서……, 폰 브라운은 나의 영웅이었는데……. 그의 꿈은 우주가 아니었던 거야? 전쟁을 위해 미사일을 만드는 일에 대해 조금도 주저하지 않았어?"

미짱은 마치 폰 브라운에게 질문하듯 아빠를 추궁했다.

"폰 브라운은 훗날 이렇게 회상했지. '장난감 같은 액체 연료 로켓을, 우주선을 쏘아 올리는 본격적인 기계로 발전시키기 위해 필요한 엄청난 돈에 대해 나는 아무런 걱정도 하지 않았다. 육군의 자금은 우주 여행을 향한 큰 진보를 위해서 필요한 유일한 희망이었다'라고."

"그러니까 돈이 목적이었다는 거네……. 뭔가 슬픈 이야기야. 망원경으로 본 아름다운 세계에 빠져서 우주를 꿈꿨는데, 그 순수한 꿈이 전쟁과 돈으로 얼룩지다니……."

미짱의 눈에 실망의 빛이 역력했다. 아빠는 조금 생각을 한 후 이야기를 마저 이어갔다.

"어쩌면 반대로, 폰 브라운의 꿈은 너무 순수했던 건지도 모르겠어. 그의 마음속엔 분명 우주에 대한 생각밖에 없었겠지. 어쨌든 로켓을 만들고 싶다. 그러기 위해선 어떤 수단을 이용하든 상관없다. 악마의 도움을 받는다고 해도 상관없다. 영혼을 팔아도 괜찮다. 그렇게 생각하지 않았을까…….”

"다른 선택지는 없었던 걸까? 대학에서 연구를 한다든가, 기부를 받는다든가…….”

"그렇게 해서 우주에 가려고 했던 게 로켓의 아버지인 고다드였지. 하지만 그는 일생동안 자금 부족에 시달리며 우주로 가는 로켓을 만들지 못했어. 요즘이라면 아마존의 창업자인 제프 베이조스가 막대한 돈을 직접 투자해 우주 개발을 하고 있다는 걸 예로 들 수 있었겠지. 하지만 1930년대의 독일에서 로켓을 개발할 수 있을 만큼 많은 자금을 가지고 있던 건 군뿐이었을 거야……. 좋지 않은 시대였지. 그 무렵의 독일에서 무슨 일이 있었는지, 역사 시간에 배운 적이 있니?”

"응. 히틀러가 독재자가 되어서…… 폴란드나 프랑스, 영국을 상대로 2차 세계대전을 일으켰다고 했어.”

"그래. 히틀러가 수상이 된 것은 폰 브라운이 육군에 채용된 다음 해인 1933년이었어. 꿈을 꾸는 자유도, 당시의 독일에선 점점 사라지고 있었을 거야.”

"그렇게 폰 브라운의 로켓……, 미사일은 완성된 거야?"

"응. 독일 육군에서 10년에 걸친 연구개발 끝에, 1942년 그가 드디어 우주에 가는 로켓을 완성시켰어. A4라는 이름의 로켓인데 전체 길이 14m, 중량은 12.5t이었지. 이렇게 큰 로켓은 당시엔 누구도 본 적이 없었을 거야."

"A4? V2가 아니라?"

"응, V2는 원래 A4라는 이름으로 불렸어. 나중에 나치가 '보복병기 2호'를 의미하는 Vergeltungswaffe 2, 줄여서 'V2'라고 새롭게 지은 거지."

"V2에 그런 슬픈 의미가 있었는지 몰랐네. 우주를 향한 꿈의 결정체에 보복병기라니……."

"그리고 V2는 1944년 6월에 실험을 통해서 고도 176km에 도달했어."

"현대에 고도 100km가 우주의 경계로 여겨지고 있으니까 V2가 사상 처음으로 우주에 도달

V2 로켓 사진 : NASA

한 인공물이 된 거구나. 우주로 가는 로켓을 만들겠다는 꿈은 어쨌든 이루어졌네."

"그렇지. 하지만 폰 브라운은 만족하지 못했을 거야. V2는 탄도비행만 할 수 있었거든. 그걸론 인공위성을 쏘아 올리지도 못하고, 달이나 화성에도 가지 못해. 인공위성을 쏘아 올리려면 초속 7.9km의 제1우주 속도에 도달해야 하는데 거기까지는 아직 훨씬 부족했거든. 그래도 군은 그런 사실 따위 상관하지 않았지. 왜냐하면 그들의 목적은 인공위성을 올리는 것이 아니라 다른 나라를 공격하는 거였으니까……. V2는 미사일로 사용하면 320km 떨어진 장소에 1t의 폭탄을 명중시키는 능력을 가지고 있었거든."

"아아, 불쌍한 로켓……. 분명 V2도 폭탄 같은 걸 싣는 게 아니라 사람들을 좀 더 기쁘게 해 줄 물건을 싣고 우주로 날아가고 싶었을 것 같아……."

미짱은 턱을 괸 채 테이블 위에 있는 레고로 만든 V2를 쓰다듬으며 말했다.

"그랬을 수도 있지. 그런데 V2에겐 더욱 슬픈 운명이 기다리고 있었어. V2가 완성되고 얼마 뒤인 1943년, 이 무렵엔 이미 독일의 패배를 예상할 수 있었지. 북아프리카에서 치른 전쟁에선 미국과 영국에게 졌고, 동쪽에선 소련이 무서운 기세로 반격해 왔거든. 어떻게든 기세를 역전시키고 싶었지. 그 때 광기에 물든 독재자, 히틀러의 눈에 들어온 것이⋯⋯."

"V2였던 거야?"

"그래. 이 새로운 병기에 독일의 운명을 건 거야. 히틀러는 V2에 더욱 자금을 쏟아 부어 매달 1800기의 V2를 제조하도록 명령했어. 'V2'라는 이름을 지은 것도 바로 이 때의 일이야."

"매달 1800기나⋯⋯. 그걸 전부 전쟁에 쓸 생각이었던 거야?"

미짱은 슬픈 얼굴로 말했다. 아빠는 말없이 고개를 끄덕였다. 그리고 망설이듯 이야기를 이어갔다.

"그리고 결국⋯⋯ 그날이 오고 말았어. 1944년 9월 8일, V2가 처음으로 미사일이 되어 실전에 사용되었지. 한 대의 V2가 꼭대기에 1t의 폭탄을 싣고 날아올랐어. 몇 분간 우주 공간을 비행한 뒤 바다를 넘어 영국의 런던 거리를 노리며 돌격했지. 마지막엔 도로에 떨어져서 싣고 있던 폭탄이 폭발하면서 주변에 있던 세 명의 사람이 목숨을 잃었어. 그 세 명 중에는 세 살밖에 안 된 여자 아이도 포함되어 있었다고 해."

"아아아아, 세상에."

미짱이 두 손으로 귀를 감싸며 눈물을 흘렸다.

"불쌍해라. 정말 불쌍해. 분명 그 여자아이가 살아 있다면 나처럼 꿈을 가지고 살았을 거야. 꿈이 꿈을 죽이다니. 일어나서는 안 되는 일이잖아. 폰 브라운은 슬퍼했을까? 사실은 마음 속으로 울고 있었던 게 아닐까? 나치가 지켜보고 있어서 솔직하게

말하지 못했던 것 아닐까?"

아빠는 미짱의 등을 쓰다듬으며 말을 이었다.

"그럴지도 모르지. 진심을 알 방법은 없어. 하지만 동료에게 이런 말을 했대. '로켓은 완벽하게 작동했다……. 잘못된 행성에 착륙해 버린 것을 제외하면'이라고."

아빠는 이야기를 멈췄다. 미짱은 눈물을 흘리며 레고로 만든 V2에게 말을 거는 듯 이야기했다.

"맞아. V2는 사실 달이나 화성에 가고 싶었을 거야. 사람을 죽이는 일이 아닌 인류의 진보를 위해 태어난 거니까. 나, 너무 슬퍼. 언제나 전쟁 이야기를 들을 때마다 슬펐지만 오늘은 더 많이 슬퍼져. 전쟁은 사람이 많이 죽거나, 괴로워하거나, 슬퍼하게 만드는 것뿐만이 아니었어. 전쟁은 순수하고 아름다운 꿈까지도 사람을 죽이는 도구로 바꿔 버리는구나……."

아빠는 아무 말 없이 고개를 숙였다. 무언가를 생각하고 있는 것 같았다. 잠시 후 얼굴을 들고 조용히 말했다.

"……하지만 정말로 이용을 당한 건 어느 쪽이었을까?"

"……응?"

"확실히, 폰 브라운의 꿈이 히틀러에게 이용당했다는 것도 하나의 생각이지. 하지만 어쩌면, 꿈이 전쟁을 이용했다고도 말할 수 있지 않을까?"

미짱은 눈물을 멈추고 두려운 눈으로 아빠를 바라봤다.

칼럼

10 모두 모여라, 우주 로켓들!

과거, 현재, 그리고 개발 중인 로켓의 키를 재어 볼까요?
어떤 로켓에 타고 싶나요?

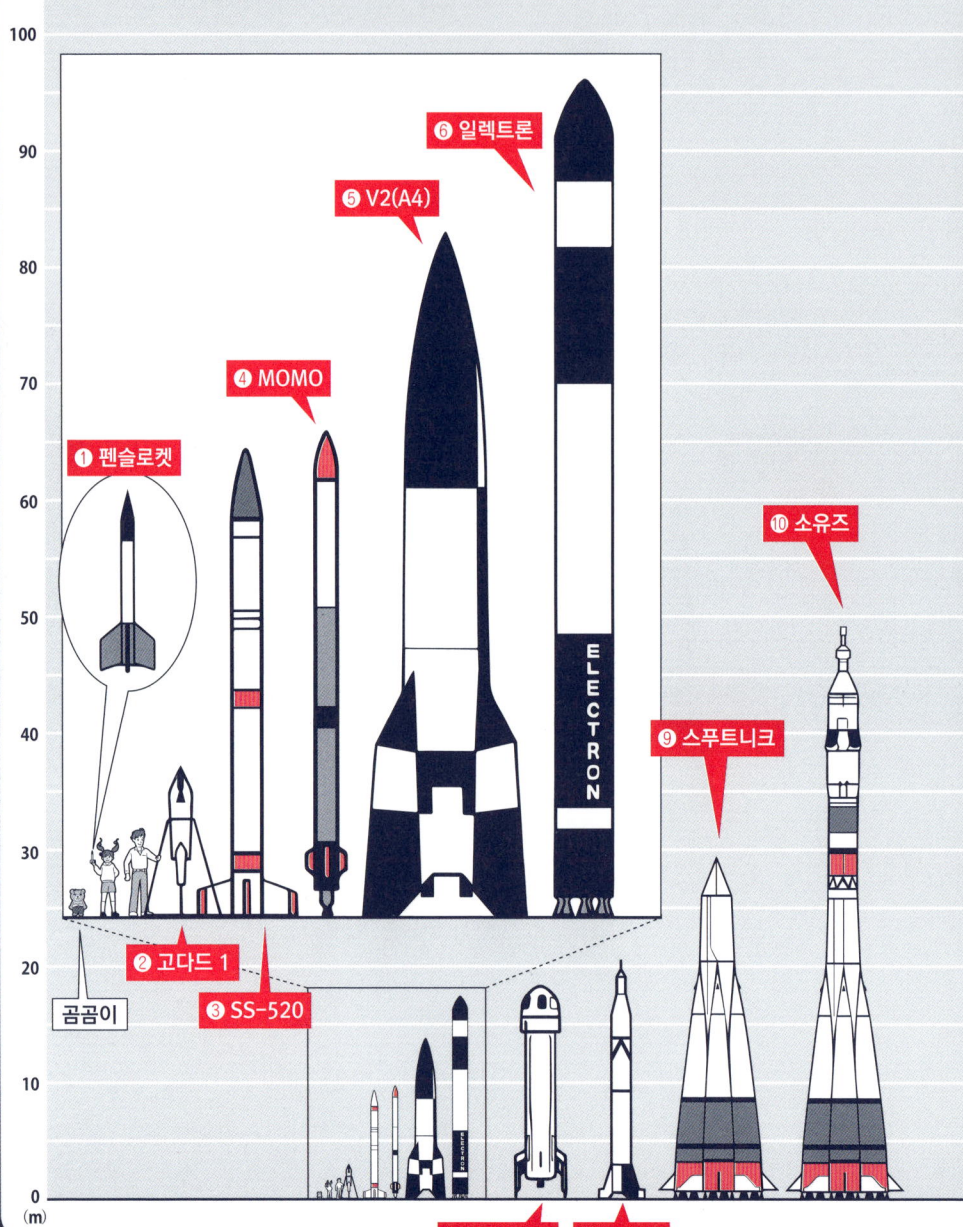

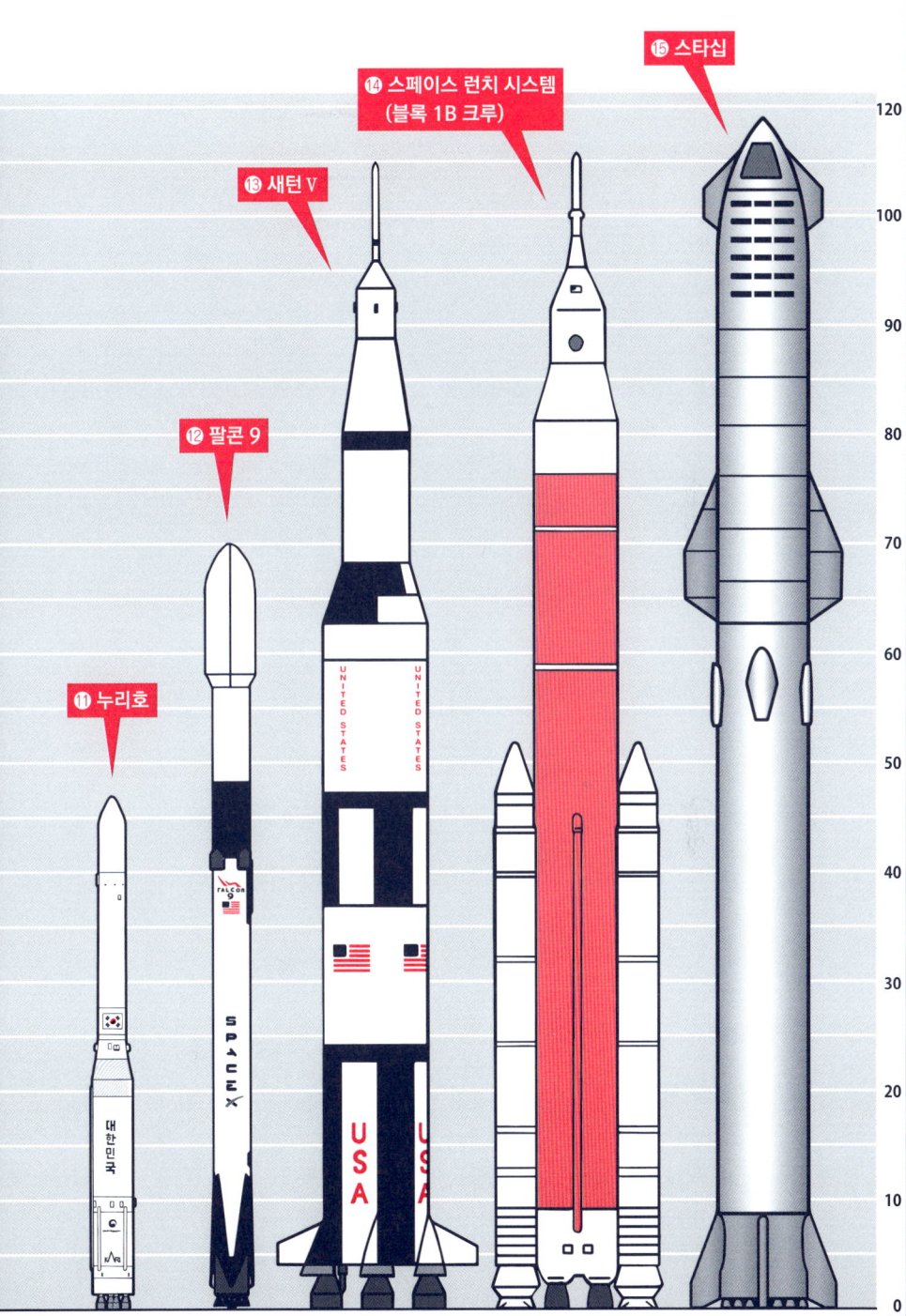

각 로켓의 상세 내용

	이름	개발국	개발자·기관	첫 비행
1	펜슬로켓	일본	도쿄대학 생산기술연구소 이토카와 히데오	1955년
2	고다드 1	미국	로버트 고다드	1926년
★ 3	SS-520	일본	JAXA 우주과학연구소(ISAS)	2018년
★ 4	MOMO	일본	인터스텔라 테크놀로지스	2016년
5	V2(A4)	독일	독일 육군 폰 브라운	1942년
★ 6	일렉트론	뉴질랜드 미국	로켓 랩	2017년
★ 7	뉴 셰퍼드	미국	블루 오리진	2015년
8	주노 I	미국	미국 육군 탄도미사일국, 제트추진연구소	1958년
9	스푸트니크	소련	OKB-1 세르게이 코롤료프	1957년
★ 10	소유즈	소련 러시아	OKB-1 에네르기아	1966년
11	누리호	한국	한국항공우주	2021년
★ 12	팰콘 9	미국	스페이스 X	2010년
13	새턴 V	미국	NASA	1967년
14	스페이스 런치 시스템*	미국	NASA	2022년(?)
15	스타십/슈퍼헤비*	미국	스페이스 X	? (개발중)

* ★은 현역 로켓
* 스페이스 런치 시스템, 스타십/슈퍼헤비는 개발중인 로켓입니다.

길이	무게	저궤도 발사 능력	해설
23cm	202g	탄도비행	일본 첫 우주 개발 목적의 로켓. 도달고도 600m, 비행 거리 700m
3m	4.6kg	탄도비행	세계 첫 액체 연료식 로켓. 도달고도 12m, 비행 거리 56m(5장 참조)
9.5m	2.6t	3kg	세계 최소 궤도 발사 로켓(2020년 현재)
9.9m	1.1t	탄도비행	일본에서 처음으로 민간 기업이 자력으로 우주 공간에 도달
14m	12.5t	탄도비행	세계 최초로 우주 공간 도달. 세계 첫 탄도 미사일(10장 참조)
17m	12.5t	300kg	세계에서 처음으로 전동 펌프사이클을 사용해 주회궤도에 도달한 로켓
18m	75t	탄도비행	탄도 관광 비행을 계획 중
21.3m	29t	30kg	미국 첫 인공위성 발사. 제1단에 레드스톤 로켓을 사용(13, 15장 참조)
29.3m	257t	500kg	세계 최초로 인공위성 발사. 세계 첫 대륙간 탄도미사일 R7에서 파생(12, 14장 참조)
49.3m	312t (소유즈 2.1b)	8.2t (소유즈 2.1b)	세계에서 제일 많이 발사된 로켓(2020년까지 약 1700회), R7에서 파생
47.5m	200t	1.5t	대한민국 첫 저궤도 실용위성 발사용 로켓
70m	549t (팔콘 9 FT 블록)	22.8t (팔콘9 FT 블록)	세계 첫 수직 착륙으로 부분적 재사용이 가능한 궤도발사 로켓(칼럼 12장 참조)
111m	2,970t	140t	사상 첫 유인 달 탐사 아폴로 계획, 미국 첫 우주정거장 스카이랩 발사
111m	2,500t 이상	130t (SLS 블록2)	유인 달, 화성 탐사를 위한 차세대 초대형 로켓
약 120m	약 5,000t 이상(?)	100t 이상	유인 달, 화성 탐사나 인공위성 발사를 위한 다용도 차세대 초대형 로켓

자유를 향한 도망 - 폰 브라운, 미국으로 건너가다

"꿈이 전쟁을 이용한다……? 히틀러는 전쟁에서 이기기 위해 폰 브라운의 꿈을 이용한 거잖아?"

"응. 반면에 폰 브라운은 꿈을 이루기 위해 나치의 돈을 사용했지. 즉, 꿈이 전쟁을 이용했다고도 볼 수 있는 거야. 때론 하나의 사실에 대해 여러 가지 생각을 가질 수 있는 법이니까."

"히틀러와 폰 브라운 서로가 마찬가지였다는 뜻이야……?"

"하지만 결국 자신의 목적을 이룬 건 어느 쪽일까? 독일은 전쟁에서 패배했고 히틀러는 파멸했어. 한편 폰 브라운은 미국으로 도망쳐 V2의 기술을 바탕으로 우주 로켓을 만들었고, 인류를 달로 보냈어. 꿈이 전쟁을 이겼다고도 할 수 있지 않을까."

"그렇구나……. 하지만 인류의 꿈이었던 우주 여행이, 죄 없는 수많은 사람들의 희생 위에 있는 것이라고 생각하면 뭔가 복잡한 기분이 드네……."

"그렇구나. 하지만 그런 과정이 없었다면 인류는 아직 달은커녕 지구의 저궤도조차 가 보지 못했을지도 몰라. 적어도 수십 년은 늦어졌을 거야. 어려운 문제지."

"폰 브라운은 어떻게 해서 미국으로 도망쳤어?"

"이런 일이 있었어. 폰 브라운은 술을 좋아했는데, 1944년 3월의 어느 날 밤, 술에 취해 실컷 우주를 향한 꿈을 동료에게 이야기했다고 해."

"비밀로 간직하던 진심을 자기도 모르게 쏟아냈던 거네."

"그리고 누군가가 그것을 비밀 경찰인 게슈타포에게 몰래 신고했어."

"나도 그게 뭔지 알아, 영화에도 나온 '악마도 두려워하는 게슈타포'……."

"그 뒤로 폰 브라운은 갑자기 체포되었지. '우주선을 만들기 위해 미사일 개발을 지연시켰다'라는 죄로 말이야. 사형도 선고 받을 수 있는 죄였대."

"너무해! 꿈을 이야기했다는 것만으로 사형이라니……. 어떻게 목숨을 구한 거야?"

"히틀러가 구해 줬지."

"……뭐?"

"히틀러가 명령해서 폰 브라운을 해방시켰어. 전쟁에서 이기기 위해 폰 브라운은 필요한 사람이었으니까."

"히틀러는 도대체 얼마나 더 폰 브라운을 이용할 생각이었던 걸까……."

"그러게. 하지만 이 사건으로 폰 브라운은 깨닫게 된 거지. 꿈을 이루기 위해선 반드시 돈이 필요하지만 돈만 있다고 꿈을 이룰 수 없다는 사실을."

"맞아! 자유가 없다면! 무엇 하나 두려운 것 없이 자유롭게 꿈꾸고, 자유롭게 꿈을 이야기하고, 자유롭게 꿈을 좇을 수 있는 장소가 아니면!"

"바로 그거야. 나치와 10년 이상이나 함께하다 보니 자유의 소중함을 절실히 깨닫게 된 거지. 1945년의 어느 날, 폰 브라운은 믿을 수 있는 부하 몇 명만을 모아서 비밀 회의를 열었어. 그리고 이렇게 말했대. '독일은 전쟁에서 패배할 것이다. 하지만 잊어서는 안 된다. 세계에서 처음으로 우주에 손을 뻗은 것이 우리들이란 사실을. 우리는 결코 단 한 번도 우주 여행에 대한 믿음을 의심한 적이 없다. 어떤 점령국이든 우리들의 지식을 원할 것이다. 문제는 어떤 나라에 우리들의 유산을 넘겨 줄까 하는 것이다'라고."

"폰 브라운도 동료들도 꿈을 포기하지 않았던 거네! 그런데 '유산'이라니, 무슨 뜻이야?"

"V2의 기술이라는 뜻이지. 폰 브라운과 그 동료들은 그저 도망치기만 하는 것이 아니라 V2의 기술을 갖고 가려고 했던 거야. 그리고 도망친 후에도 로켓 개발을 계속하면서 우주를 향한 꿈을 이루려고 생각한 거지."

"어디로 도망치려고 한 거야?"

"선택지는 네 곳이 있었어. 패전 후에 독일을 점령하게 되는 소련, 영국, 프랑스, 그리고 미국이었지."

"미국을 선택한 건 자유가 있었기 때문이야?"

"그리고 돈도 있었거든. 폰 브라운과 동료들은 비밀리에 도망칠 준비를 시작했어. 14t에 달하는 V2의 설계도를 광산의 터널에 숨겨서 그 입구를 다이너마이트로 막아 버렸어."

"와아."

"그리고 1945년 4월 30일, 히틀러가 베를린의 지하 벙커에서 자살했고 독일은 전쟁에서 졌어."

"드디어 나치로부터 자유로워졌네!"

"하지만 사태는 그렇게 간단히 풀리지 않았어. 폰 브라운과 그 동료들은 알프스 산맥의 스키장에 있는 호텔에 피난을 가 있었는데, 프랑스군이 바로 근처까지 진격해 있었지. 그대로 있으면 프랑스군에게 붙잡히고 마는 상황이었어."

"그러면 계획이 어긋나잖아."

"반면에 남쪽으로는 미국군이 위치했다는 정보를 입수했지. 거기서 폰 브라운의 동생인 매그너스가 미국군과 접촉하기 위해 혼자 자전거를 타고 산길을 따라 남쪽으로 갔어. 그 사이 폰 브라운과 그 동료들은 호텔에서 기다리고 있었고."

"불안했겠다."

"그랬을 거야. 몇 시간 후 드디어 매그너스가 돌아왔어. 미국군의 통행허가증을 가지고!"

"해냈구나!"

"그리고 폰 브라운과 그 동료들은 미국군에게 투항했어. 그들은 폰 브라운 일행에게 스크램블 에그와 하얀 빵, 커피를 대접했대."

"굉장히 친절했네. 폰 브라운 일행은 미국의 적이었을 텐데."

"실은 미국도 폰 브라운을 찾고 있었던 거야. 미사일이라는 새로운 병기의 기술을 어떻게 해서든지 갖고 싶었던 거지."

"그렇구나……. 역시 슬픈 이야기네. 이 나라에서도 로켓을 우주가 아니라 전쟁의 도구로 사용하고 싶어 했다니."

미국군에게 투항한 직후의 폰 브라운. 자동차 사고로 팔이 부러져서 붕대로 감고 있다. ⓒNASA

"폰 브라운은 만만치 않은 성격이었던 모양이야. 지금 우주를 향한 꿈에 큰돈을 내 줄 나라는 없지만, 설령 병기라 하더라도 로켓 개발을 계속한다면 언젠가 기회를 붙잡을 수 있다고 생각했겠지."

"그렇긴 하지만, 석연치 않아……."

"그리고 또 한 가지, 어려운 문제가 있었어. 폰 브라운은 팀 전부를 데리고 미국으로 건너갈 생각이었어. 하지만 미국군은 142명만 데려갈 수 있다고 한 거야. 팀은 가족이나 마찬가지였으니까, 그중에서 고르는 건 매우 괴로운 일이었을 거야."

"남은 사람들은 어떻게 됐는데……?"

"소련으로 가게 되었어. 소련도 역시 V2의 기술을 원했거든. 폰 브라운을 포함한 142명의 기술자가 터널에 숨긴 설계도와 함께 미국으로 도망간 후, 소련군은 남은 기술자와 함께 서류나 부품을 샅샅이 뒤져서 소련으로 가지고 돌아갔대."

"하지만 폰 브라운이라는 천재가 없으면 나머지는 의미가 없는 거 아니야?"

"그게 말이지, 소련에도 있었거든. 폰 브라운과 같은 걸출한 천재가."

"아, 혹시 그거 '코'로 시작해서 '프'로 끝나는 바로 그 사람?"

"그래! 자, 식사한 걸 다 치우면 이야기를 계속해 볼까!"

그렇게 말한 아빠는 자리에서 일어서서 다 먹고 난 그릇을 설거지통으로 옮겼다.

11 아인슈타인의 상대성 이론과 원자폭탄

아인슈타인은 독일에서 태어난 유대인이었습니다. 유대인을 싫어하는 히틀러 정권이 탄생하자 대학에서 추방당했고, 박해를 피해 미국으로 망명했습니다.

아인슈타인 최고의 발명은 뭐니뭐니해도 상대성 이론이지요. 이 이론에 따르면, 매우 빠른 속도로 움직였을 때 여러 가지 신기한 일들이 일어난다고 합니다.

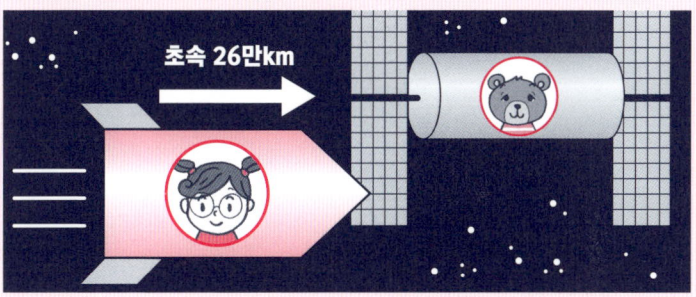

여기 무중력 공간에 떠 있는 우주정거장에 곰곰이가 들어가 있고, 그 옆을 미짱의 우주선이 초속 26만km(빛의 속도의 86.6%)나 되는 속도로 가속도 감속도 없이 통과한다고 상상해 봅시다.

스쳐 지나가는 순간에 곰곰이가 창문에서 미짱의 우주선을 보면 그 길이가 무려 절반으로 줄어들어 있습니다! 그리고 미짱의 시간이 천천히 흘러갑니다. 곰곰이의 시간으로 1초가 지나도, 미짱의 시계는 0.5초 밖에는 지나지 않습니다.

하지만 미짱의 입장에서 보면 전혀 반대인 상황이 일어나고 있습니다. 우주선의 길이는 줄어들지 않았고, 시간도 평범하게 흘러가고 있습니다. 한편, 창문을 통해 보면 곰곰이가 있는 우주정거장의 길이가 절반으로 줄어들어 있습니다! 그리고 곰곰이의 시간이 절반의 속도로 천천히 흘러가고요.

대체 어느 쪽이 맞는 것일까요?

시간이 흐르는 방법은 사람에 따라 다르다?

미짱의 우주선에선
시간이 천천히 흘러갑니다.

곰곰이의 우주정거장에선
시간이 천천히 흘러갑니다.

아인슈타인의 말에 따르면 양쪽 모두 맞습니다. 시간이나 공간의 틀어짐은 보는 사람의 시점에 따라 변합니다. 이것을 '상대적'이라고 말합니다. 그래서 상대성 이론이라고 불리는 것이지요.

또 한 가지 재미있는 상대성 이론의 세계를 보여드리겠습니다. 중력이 강한 장소에선 시간이 천천히 흐릅니다. 우주에서 가장 중력이 강한 장소를 꼽자면 블랙홀이지요.

지금 곰곰이가 블랙홀에 빨려 들어가는 모습을, 멀리서 미짱이 관찰하고 있다고 상상해 봅시다.

블랙홀에 빨려 들어가는 곰곰이

곰곰이의 몸은 중력으로 스파게티처럼 늘어나게 된다.

곰곰이의 시점에서 보면 자신이 순식간에 블랙홀 안으로 빨려 들어가 버립니다! 그리고 멀리 있는 미짱의 시간은 점점 빨라지면서 미짱이 순식간에 어른이 되어 버렸습니다!

하지만 멀리 있는 미짱의 시점에서는 곰곰이가 어떻게 보일까요? 곰곰이가 블랙홀에 가까워질수록, 중력이 강해지므로 시간의 흐름은 점점 느려집니다. 그리고 빨려 들어가는 순간에 시간이 정지하여 영원히 그 안에 머물게 됩니다.

상대성 이론과 원자폭탄

101쪽에서 체중이 100g인 곰곰이는 약 9천조 줄이나 되는 에너지에 맞먹는다고 이야기했습니다. 무게가 있는 것은 모두 에너지와 마찬가지라는 것도 아인슈타인의 상대성 이론에서 이끌어낸 결론입니다.

이 발견은 무시무시한 가능성을 숨기고 있습니다. 우라늄 원자핵이 두 개로 분열할 때, 쪼개진 양쪽 원자핵의 질량을 더해도 원래의 우라늄 원자핵보다 조금 가벼워지게 됩니다. 그러면 사라진 질량은 어디로 간 걸까요? 실은 그것이 막대한 양의 에너지로 방출된 겁니다. 이러한 구조를 병기에 이용한 것이 원자폭탄입니다.

2차 세계대전 말기, 원자폭탄은 일본의 히로시마와 나가사키에 투하되어 수십만 명의 목숨을 빼앗았습니다. 평화주의자였던 아인슈타인은 이 사실에 매우 마음 아파했을 것입니다. 1955년 죽음을 앞둔 며칠 전 그는 '러셀=아인슈타인 선언'에 서명합니다. 이것은 핵 무기를 폐기하고 전쟁을 포기할 것을 강력하게 주장하는 선언입니다.

그중 한 구절은 다음과 같습니다.

> 만약 우리가 선택하기만 한다면 우리들 앞에는
> 행복과 지식과 뛰어난 지혜가 끊이지 않을 진보가 있다.
> 그럼에도 우리는 싸움을 버리지 못하고 죽음을 선택할 것인가?
> 우리는 인류의 한 사람으로서 인류에게 호소한다.
> 인간성을 잊지 말라, 다른 모든 것은 잊어도 상관 없다.
> 만약 그럴 수 있다면, 길은 새로운 낙원을 향해 열릴 것이다.
> 만약 그러지 못한다면, 남는 건 인류 전체가 맞이할 죽음의 위험뿐이다.

12

소련의 천재 로켓 기술자, 코롤료프

아빠는 맥주 캔을, 미짱은 요쿠르트 컵을 들고 테라스로 나왔다. 저녁 노을이 지고 있었다. 겨우 몇 시간 전까지는 따갑도록 눈부신 햇살이 내리쬐고 있었는데, 이제는 그것이 거짓말처럼 느껴질 정도로 시원하고 상쾌한 캘리포니아 남부의 여름 밤이 찾아왔다. 두 사람은 의자에 앉아 다시 대화를 시작했다.

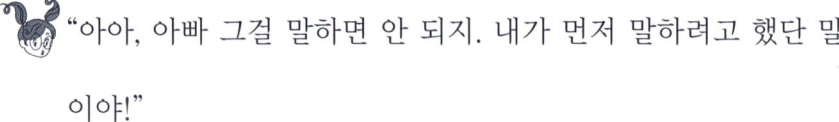

"…… 미안. 그러면 미짱, 코롤료프는 어떤 사람이었는지 알고 있는 거야?"

"물론 알고 있지! 소련의 천재 로켓 기술자! 세계 첫 인공위성인 스푸트니크도 세계 첫 우주비행사 가가린도 코롤료프의 로켓으로 발사됐지."

"역시 미짱!"

"드디어 시작되는구나, 우주 개발 전쟁이! 미국의 폰 브라운과 소련의 코롤료프, 숙명의 라이벌 대결!"

"그래."

"처음에는 폰 브라운이 지기만 했었지. 먼저 인공위성을 성공한 것도, 먼저 사람이 우주 비행을 할 수 있게 만든 것도 소련의 코롤료프이니까. 하지만 아폴로 11호가 세계 최초로 달 착륙에 성공해서 미국과 폰 브라운이 결국 승리했어!"

"어어……, 이야기를 끝내 버렸잖아."

"그런데 왜 처음에는 폰 브라운이 지기만 한 거야? V2를 만든 것은 폰 브라운이었고 미국으로 도망갈 때도 V2의 기술자들을 모두 데려갔잖아?"

"그래, 좋은 질문이네. 실은 미국이 먼저 세계 첫 인공위성을 발사할 수도 있었어."

"그런데 왜 하지 않은 거야?"

"여러 '어른의 사정'이 있어서 미국이 기회를 계속 놓친 결과라고나 할까."

"흐음, '어른의 사정'이란 참 귀찮은 거구나."

"물론, 코롤료프가 천재적인 재능과 선견지명을 가졌기 때문이기도 했지."

"나, 코롤료프도 굉장히 존경해! 하지만 어떤 사람이었는지는 잘 모르겠어."

"그렇지. 소련은 철저한 비밀주의였기 때문에 폰 브라운조차도 늦게까지 코롤료프의 존재를 알지 못했다고 해. 코롤료프는 폰 브라운보다 다섯 살이 더 많았어. 동안이었지만 복싱 선수처럼 턱이 삐뚤어졌고 치아는 거의 의치였지. 나중에 이야기하겠지만 굉장한 고난을 겪었어. 머리카락은 푸석푸석하고, 셔츠는 주름투성이인데다가 손가락은 언제나 담뱃재로 더러웠는데 여성들에게는 꽤 인기가 많았대."

"아빠같네. 머리카락도 옷도 전혀 신경 쓰질 않잖아. 양말에는 늘 구멍이 뚫려 있고 장소에 상관 없이 방귀도 뀌고. 용케도 엄마랑 결혼했네~."

"미짱도 옛날엔 아빠랑 결혼하고 싶다고 그랬잖아."

"내가 네 살 때 이야기잖아. 아쉽겠지만, 원래 이야기로 돌아가도록 합시다."

"그래……. 코롤료프의 유년기는 고독했어. 부모님이 세 살 때 이혼해서 아버지와 헤어지게 됐지. 어머니는 멀리 떨어진 곳에 있는 대학을 다녀서 대부분의 시간을 할머니, 할아버지와 집에서 보냈대. 이혼한 아버지가 코롤료프를 빼앗으러 올까 봐 두려워서 집은 늘 잠겨 있었어. 그래서 소년 코롤료프는 밖에 나가서 친구를 만들지도 못하고, 창문에서 밖을 바라보거나 인형의 집을 만들어 놀곤 했대. 자주 울음을 터뜨리는 아이였어."

"불쌍해라……. 치올콥스키도 그랬고, 로켓 기술자들 중에는 고독한 사람이 많네……."

"여섯 살 여름, 코롤료프가 사는 시골 마을에서 비행기 쇼를 볼 기회가 생겼대. 코롤료프도 시골 사람이니 그 전까지 한 번도 비행기를 본 적이 없었지. 할아버지의 어깨에 올라가 작은 비행기가 자유롭게 넓은 하늘을 춤추는 걸 보았어."

"그리고 분명, 아직 보지 못한 세계를 향한 상상력이 소년 코롤료프의 마음속에서 피어났겠네."

"그날 밤, 집으로 돌아온 어머니께 천을 두 장만 달라고 했지. 팔다리에 두르고 굴뚝에 올라 하늘로 날아갈 생각이었대."

"코롤료프도 약간 이상한 아이였구나."

"그날부터 소년 코롤료프의 마음은 비행기에게 사로잡혔지."

"그럼, 코롤료프는 처음엔 우주 자체에 매료된 것은 아니었던

건가?"

"응. 우주에 흥미를 갖게 된 것은 꽤나 시간이 흐른 다음의 일이었어. 코롤료프는 대학에서 비행기 설계를 배우고, 유명한 항공기 설계자인 투폴레프의 지도를 받았어. 스물세 살에 비행기 면허를 따서 스스로 조종하게 되었지. 그리고 비행기를 한계까지 높이, 높이 날리는 동안, 그의 풍부한 상상력이 마음 깊은 곳에서 속삭였어. '이 위에는 무엇이 있을까?' 하고."

"아아, 알겠다! 얼마 전에 일본으로 가는 비행기 안에서 아침 노을을 봤을 때……."

미짱은 하늘을 바라보며 말했다. 미짱이 공상에 들어갔다는 걸 눈치챈 아빠는 마음속으로 미소지었다. 미짱의 검은 눈동자에는 저녁 노을이 비추고 있었다.

"……하늘이 마치 자수정 같은 보라색으로 물들어서, 그 너머로 별이 보였어…… 나, 그대로 우주로 날아갈 것 같은 기분이 들었어……. 분명 코롤료프도 그 풍경을 봤을 거야!"

"그럴지도 모르겠네."

"그렇게 코롤료프는 우주 로켓 기술자가 된 거야?"

"아니. 코롤료프의 상황도 폰 브라운과 비슷했어. 그때는 1930년대라서 독일뿐만 아니라 모든 세계가 또다시 전쟁을 벌이려고 움직이고 있었지. 그에게 주어진 임무 역시 우주에 가기 위해서가 아닌, 다른 나라를 공격하기 위한 로켓……, 즉 미사일 개발이었어."

미짱은 슬픈 듯 고개를 저었다.

"아아, 어떤 나라든 마찬가지구나. 왜 사람의 순수한 꿈을 서로를 죽이기 위해 이용하려고 하는 걸까……."

"어쩌면 코롤료프도 폰 브라운과 같은 생각을 하고 있었을지도 몰라. '이 기회를 이용해 로켓 기술력을 발전시키자. 기다리면 언젠가 기회가 온다'라고……."

"그러니까 코롤료프도 전쟁을 이용하려고 한 거네……."

"그래. 상상력의 불꽃을 마음속에 몰래 간직한 채로 말이지. 그는 매우 우수해서 금방 두각을 나타냈고, 20대 후반에는 소련 제트추진연구소의 부소장까지 올랐지."

"조숙한 천재……. 정말로 폰 브라운이랑 똑같네."

"맞아. 그리고 불합리한 이유로 체포당한 것도 마찬가지고. 1938년 코롤료프가 사는 아파트에 검은 복장의 비밀경찰이 들이닥쳤어. 공포에 떠는 아내와 울어대는 세 살배기 딸을 남기고, 코롤료프는 그대로 연행됐지."

"무엇 때문에?"

"그의 출세를 시기한 동료가 있지도 않은 죄를 밀고했거든. 시베리아로 끌려가서 이가 다 빠질 때까지 고문을 당했고, 사형을 선고받았어."

"너무해……. 코롤료프에게도 자유는 없었구나……."

"그래. 게다가 코롤료프는 풀려나기까지 6년이나 걸렸어. 6년

만에 가족과 재회했을 때, 딸은 9살이 되어 있었지."

"아빠, 나랑 6년이나 못 만나면 어떻게 할거야?"

"살 수 없을 거야."

"알지롱, 알지롱."

"아아, 언제부터 아빠가 미짱에게 이렇게 약한 입장이 되어 버린 걸까……."

"그래서 코롤료프는 해방된 후 어떻게 했어?"

"미사일 개발을 다시 시작했어. 마침 독일과의 전쟁이 끝날 시기였거든. V2 기술을 손에 넣기 위해 독일에도 파견되었지. 그리고 독일에서 연행된 많은 기술자가 그의 아래에서 일하게 되었어. 코롤료프가 제일 처음 한 일은 V2의 복사본을 만드는 일이었어. 소련에선 그걸 R1 로켓이라고 불렀지."

"즉, 두 사람의 천재는 서로 직접 얼굴을 본 적은 없었지만 폰 브라운의 기술은 코롤료프에게 전해졌던 거네."

"그런 거지. 물론 폰 브라운 입장에서 보면, 기술을 훔쳤다고 생각했겠지만."

"한 가지 사실은 여러 가지 견해로 볼 수 있는 법이지."

"그래. 코롤료프는 R1을 더 좋게 만들어서 R2, R5 등 점점 로켓의 크기를 키워 갔어. 그리고 1957년 드디어 완성한 것이 코롤료프가 가장 정성을 기울여 만든 R7 로켓이야. 길이 34m, 중량은 V2의 20배 이상이나 되는 280t. 이것 봐, 이런 로켓이야."

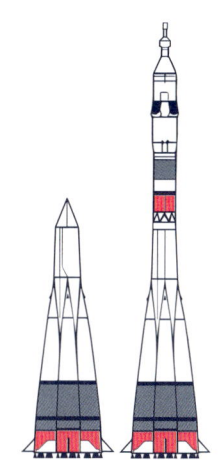

R7을 기초로 만든 로켓. 스푸트니크(왼쪽), 소유즈(오른쪽). 스푸트니크 로켓이 R7의 원형에 가깝다. (144쪽 칼럼 10 참조)

아빠는 컴퓨터 화면을 미짱에게 보여주면서 말했다.

"아, 이거! 소유즈랑 똑같다!"

"맞아. R7의 기본 설계는 60년이 지난 후까지 계속 쓰이고 있어. 매우 우수한 로켓이었던 거지. 무엇보다, 원래 R7의 목적은 우주선을 쏘아 올리는 것이 아니라 미국에 원자폭탄을 떨어뜨리는 것이었어……. R7은 사정거리가 8000km나 됐거든. 이걸 사용하면 소련에서 미국 본토까지 핵 공격을 할 수 있었어."

"그럼 만약 미국과 소련이 전쟁을 했다면 R7이 우리가 사는 로스앤젤레스에도 원자폭탄을 떨어뜨렸을지도 모른다는 이야기

네……?"

"그리고 이 R7 로켓은 아주 조금 바꾸기만 해도 시속 2만 8천 km인 제1우주 속도에 도달할 능력이 있었어."

"그러니까 인공위성을 쏘아 올릴 수 있다는 거네! R7도 원자폭탄 같은 것보다 인공위성을 싣고 날고 싶었을 거야."

"그랬을 거야. 문제는 머릿속에 미국을 쓰러뜨리고 싶단 생각밖에 없는 소련 정부에게, 어떻게 인공위성을 쏘아 올리도록 설득할까 하는 것이었지."

"그럼 1957년에 코롤료프는 언제든 인공위성을 발사할 수 있었다는 이야기네."

"그래."

"그 무렵, 라이벌인 폰 브라운은 뭘 하고 있었어?"

"미국의 폰 브라운도 마찬가지로, 비슷한 상황에 놓여 있었어."

칼럼

12 지구로 귀환, 달·화성·금성으로 착륙

우주에 가려면 로켓을 타고 굉장한 속도로 가속해야 합니다. 반대로 우주에서 지구로 돌아올 땐, 브레이크를 밟아 속도를 떨어뜨려야 합니다. 그렇다면 어떻게 브레이크를 밟을까요?

발사, 그리고 지구로 귀환(스페이스X·드래곤 우주선)

- 제2단 로켓 분리
- 지구주회궤도
- 제1단 로켓 분리
- 제2단 로켓, 드론선에 착륙
- 발사
- 궤도속도 시속 28,000km 역분사로 궤도 이탈
- 대기권 돌입 공기 저항 때문에 즉시 감속
- 낙하산 펼침 시속 560km
- 바다로 떨어짐

사실은 공기를 사용합니다. 우주에서 굉장한 속도로 지구의 대기권에 들어오면, 극심한 공기 저항으로 단숨에 속도에 브레이크가 걸리게 됩니다. 그 때 공기가 마찰력으로 우주선은 수천 번이나 되는 플라스마를 겪게 됩니다. 이 열로부터 우주선을 지키는 것이 우주선 바닥에 장치되어 있는 히트 실드입니다. 마지막에는 낙하산으로 속도를 줄이며 천천히 착륙 (혹은 물 위로 착수)합니다. 추진제(연료와 산소)는 거의 필요하지 않습니다.

달 착륙, 그리고 달 표면에서 발사(아폴로 · 달 착륙선)

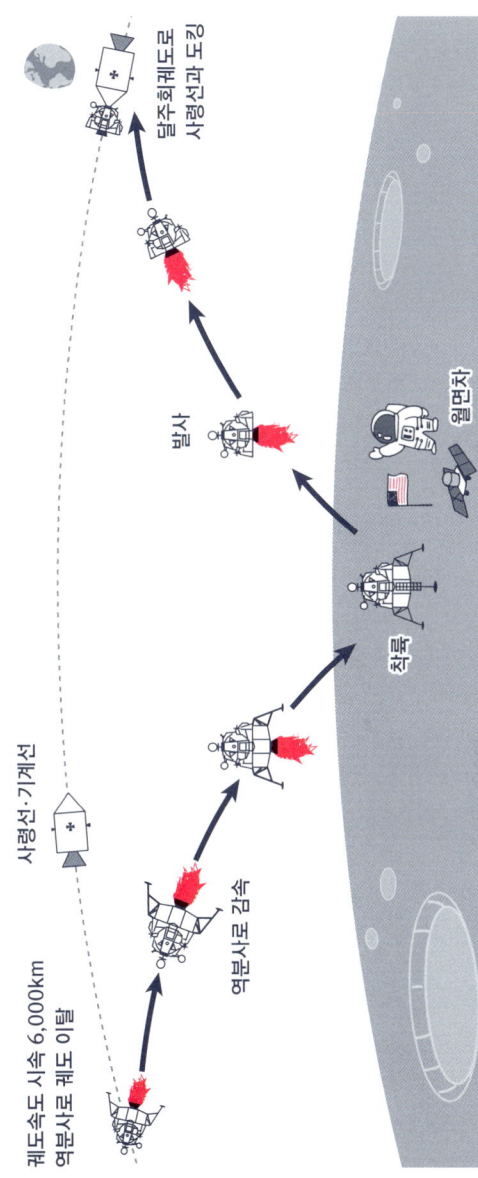

마찬가지로, 달에 착륙할 때에도 엄청난 속도에서부터 감속해야 하는데요, 달에는 대기가 없기 때문에 공기로 브레이크를 걸 수 없습니다. 때문에 로켓을 역분사해 속도를 떨어뜨립니다. 따라서 달에 발사할 때처럼 대량의 추진제가 필요합니다. 다행히 달의 궤도속도는 지구의 5분의 1 정도밖에 되지 않기 때문에 발사할 때처럼 큰 로켓은 필요하지 않습니다.

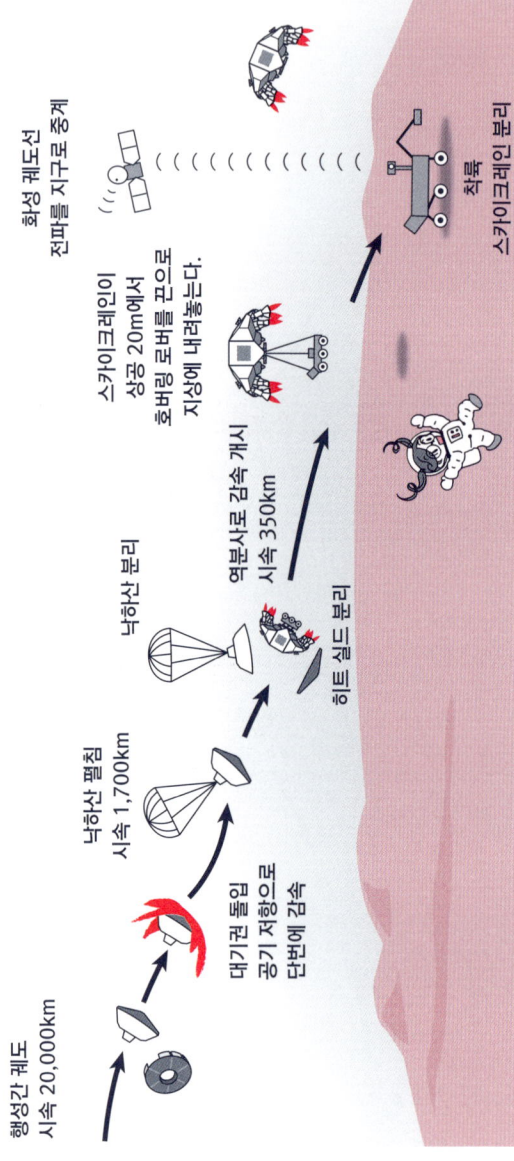

금성으로 착륙(베네라 9·10호)

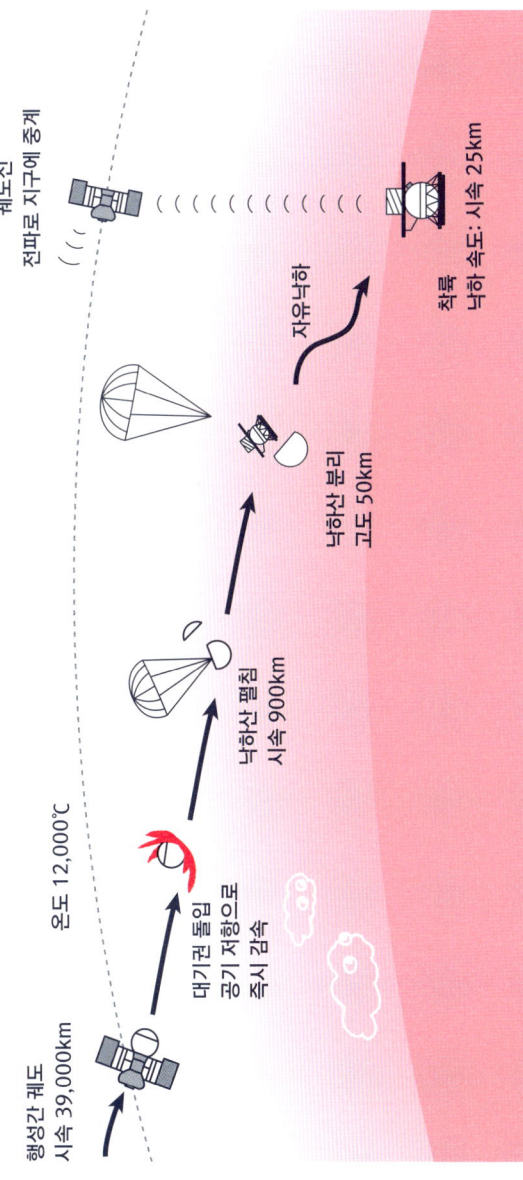

행성간 궤도
시속 39,000km

온도 12,000℃

대기권 돌입
공기 저항으로
즉시 감속

낙하산 펼침
시속 900km

낙하산 분리
고도 50km

자유낙하

착륙
낙하속도: 시속 25km

궤도선
전파로 지구에 중계

반대로 금성은 매우 짙은 대기를 가지고 있어, 지표의 대기압은 지구의 90배나 됩니다. 그래서 매우 강한 공기 저항이 작용합니다. 1970년대에 금성에 착륙한 소련의 베네라는 화성 탐사기와 마찬가지로 처음엔 대기권을 돌입할 때의 공기 저항을 이용한 뒤 낙하산을 사용해 감속했지만, 마지막에는 낙하산을 잘라내고 아무것도 쓰지 않은 채 착륙했습니다. 금성의 대기가 매우 짙기 때문에 탐사기에 달린 도넛 모양의 판이 받는 대기 저항만으로 민들레가 둥둥 떠다니듯 사뿐히 낙하할 수 있었습니다.

175

13

그래도 꿈을 포기하지 않는다

"수천만 명의 목숨을 빼앗은 2차 세계대전이 드디어 종결된 1945년 9월, 폰 브라운은 미국군의 군용기를 타고 대서양을 넘어 미국으로 향했어. 당시에는 속도가 느린 프로펠러기 밖에 없었고, 도중에 몇 번이나 기름을 넣기 위해 착륙해야 해서 여행은 30시간 이상이나 걸렸지."

"엉덩이가 아팠을 것 같아……. 도착했을 때 어떤 기분이었을까. 드디어 나치에게 벗어나 자유를 찾게 되었으니 후련한 기분이었을까."

"한편으론 불안하기도 했을 거야. 가족은 독일에 남아 있었거든. 폰 브라운의 신변은 미국군이 관리하고 있었으니 행동도 자유롭지 못했지. 그런데다 미국인에게 독일인은 바로 얼마 전까지만 해도 피를 흘리며 싸우던 상대였으니 독일을 향한 시민들의 감정도 무시무시했지. 그래서 폰 브라운은 일반인과 이야기할 때 스위스인이라고 거짓말을 했대."

"그렇구나, 완전한 자유를 얻은 건 아니었던 거네……. 하지만 미국에 와서 드디어 우주 로켓 개발을 할 수 있게 된 거잖아!"

"그런데 미국 육군이 요구한 업무도 역시 미사일을 개발하는 일이었어."

"그렇구나……. 모두 전쟁만 생각했던 거네."

"그래……. 2차 세계대전이 끝나자마자, 바로 냉전이 시작됐어. 언제 전쟁이 터져도 이상하지 않았으니 미국도 소련도 경쟁을 하듯 군사기술 연구개발에 힘을 쏟고 있었지."

"그럼 대체 언제쯤 우주 로켓을 개발할 수 있게 된 거야?"

"미국에 건너가고 10년이 지난 뒤에도 폰 브라운은 여전히 미사일을 개발해야 했어."

"앗, 10년이나? 나치에서 1년 넘게 미사일을 연구하고, 드디어 자유를 얻은 건가 생각했는데, 미국에서도 10년 넘게 미사일을 연구하다니. 잘도 버텼네."

"그러게 말이야. 분명 그것도 상상력이 가진 힘이 아닐까. 아무리 현실이 가혹해도 그의 상상력 속에선 로켓이 우주를 날아다니는 모습이 확실히 보였을 거야."

"결국 꿈이 폰 브라운에게 포기하지 못하게 만든 거네! 고집이 센 것은 간절히 원하는 꿈이 있었기 때문이었어!"

"멋진 말을 하는구나, 미짱! 아무튼 폰 브라운은 조금씩 우주 개발을 실현하기 위해 준비했어. 미국에 건너가 10년 정도가 지났을 무렵, 그는 V2 로켓을 발전시킨 레드스톤 로켓을 완성했지. 기본적인 설계는 V2와 마찬가지지만, 중력은 2배로 늘어났어. 한편으로 육군의 제트추진연구소는 서전트라는 소형 고체 로켓을 개발하고 있었대."

"앗, 제트추진연구소는 아빠가 일하고 있는 JPL을 말하는 거야? 당시에는 NASA가 아니라 육군이었어?"

"응, JPL은 NASA가 생기기 전에는 육군의 연구소였어. 참고로 폰 브라운이 있었던 육군 탄도미사일국은 앨라배마주 헌츠빌에 있었는데…….”

“아! 혹시 그게 NASA 마셜 우주비행센터가 된 거야?”

“바로 그거야! 1955년 폰 브라운은 그의 레드스톤과 JPL 서전트를 조합해서 인공위성을 발사하자고 제안했어.”

“그러니까 다단 로켓으로 만드는 거네!”

“과연 미짱이야! 레드스톤을 1단에 놓은 뒤에, 11개의 서전트를 묶은 2단을 두는 거지. 또 3개의 서전트로 3단을 만들어 2단으로 둘러 쌓았어. 그 위가 1개의 서전트로 이루어진 4단. 4단이 다 연소되면 로켓은 시속 2만 8천km인 제1우주 속도에 도달해서 인공위성이 되는 거야.

“꼭 아빠가 만든 도시락처럼 이것저것 다 가져다가 섞어 놓은 모양이네.”

“미짱, 너무하네……. 어쨌든 이것저것 다 가져다가 섞어 놨기 때문에 금방이라도 날릴 준비가 되어 있었어. 폰 브라운은 어떻게 해서라도 세계에서 제일 처음으로 인공위성을 쏘아 올리고 싶었지.”

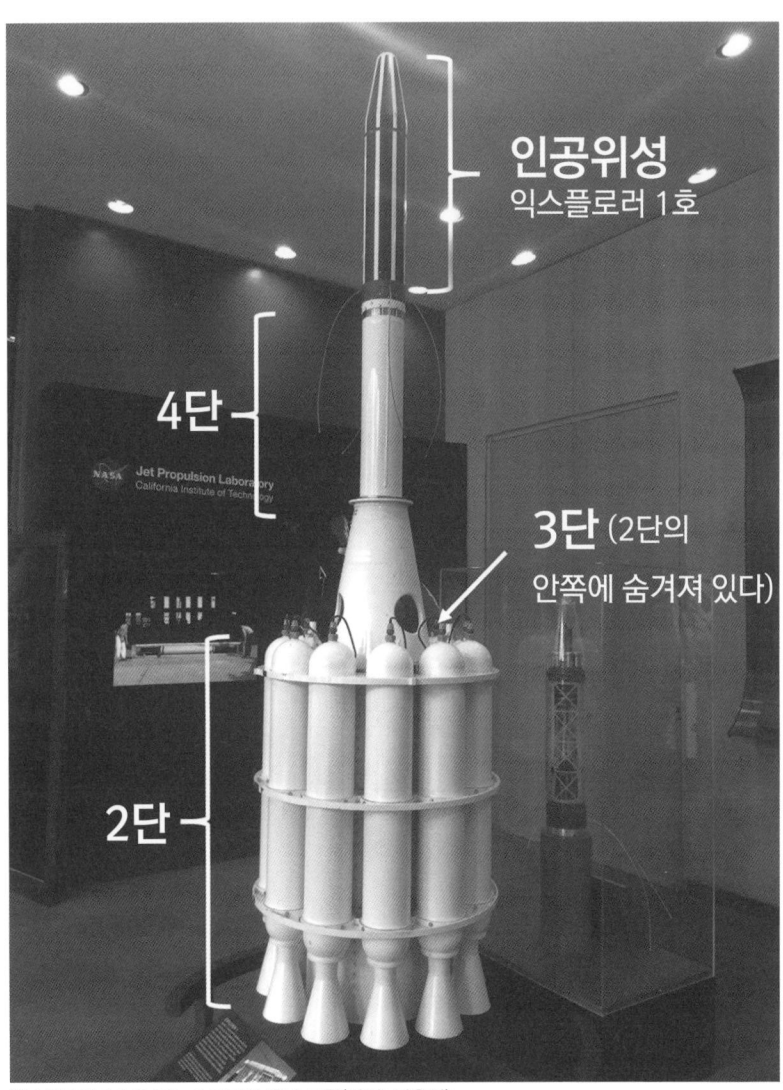

익스플로러 1호와 주노 I 로켓의 상단 모형 (사진: 지은이)

"앗, 아빠. 이 사진! 저기 4단 위에 있는 건 익스플로러 1호 아니야!?"

"눈치가 빠르네! 그래, 그때 폰 브라운과 JPL이 제안한 계획이 바로 그 후의 미국 첫 인공위성인 익스플로러 1호를 발사시킨 주노 I 로켓이었어."

"하지만 1955년은 스푸트니크 발사보다 2년이나 전이고, 익스플로러 1호가 발사된 건 1958년이었지."

"그래. 만약 1955년에 폰 브라운이 제안한 내용을 받아들였다면 세계 첫 인공위성은 소련의 스푸트니크가 아니라 미국의 익스플로러였을지도 모르지."

"아아아, 승인을 받지 못했던 거구나! 왜? 금방이라도 인공위성을 날릴 준비도 되어 있었고 세계 최초가 될 수 있었는데 반대할 이유가 대체 어디 있어?"

"실은 당시에 미국 해군도 독자적으로 로켓을 개발하던 중이라, 인공위성을 발사할 계획을 가지고 있었어. 육군과 해군은 경쟁 관계에 있었지."

"같은 미국인데도 육군과 해군이 경쟁하다니 의미가 없잖아?"

"그래 맞는 말이야. 거기다 기술적으로 우위에 있었던 건 명백히 폰 브라운이 소속된 육군팀이었는데, 정부가 선택한 건 해군이었어."

"어째서?"

"음, 이유는 여러 가지가 있었다고 하는데……. 예를 들어, 레드스톤은 원래 나치의 기술이잖아. 반면 해군 로켓은 전부 미국이 만들었고. 거기다 레드스톤이나 서전트는 군용 미사일이니까 그게 소련의 상공을 날면 소련을 자극하는 게 아닐까 하는 걱정도 있었대. 하지만 해군의 로켓은 연구용이었지."

"그렇지만 미사일도 로켓도 기술은 마찬가지니까 군사용이든 연구용이든 차이는 없잖아."

"그렇지. 그러니까 해군을 선택한 건 정치적인 판단이었어. '어른의 사정'이란 것이지……."

"어른의 사정은 참 쓸모 없는 녀석이네."

"그러게. 폰 브라운은 1956년, 이 4단 로켓을 사용해 탄도의 재돌입 실험을 실시했지만 폰 브라운이 조용히 인공위성을 발사하지 못하도록 4단에는 연료가 아닌 모래를 채워 넣었대. 이 실험은 완벽히 성공했으니까, 만약 그때 4단에 연료를 채워 넣었다면 스푸트니크보다 1년 전에 미국은 세계 처음으로 인공위성을 발사했을지도 몰라."

"미국의 우주 개발을 뒤처지게 한 건 소련이 아니고 미국 자신이었네……."

"애당초 정치가나 군인의 대부분은 인공위성을 발사하는 게 그렇게 중요한 일이란 생각을 하지 않았대. 냉전에서 이기기 위해선 그것보다 핵미사일이 중요하다고 생각했거든."

"정치가는 어느 시대든 상상력이 부족하구나."

"미국인의 자만도 작용했다고 봐. 소련의 기술은 미국보다 뒤처졌다고 모두 믿고 있었으니 설마 소련이 먼저 인공위성을 발사할 거란 생각은 못한 거지. 예를 들면, 이런 발언을 한 미국의 상원의원이 있었어. '소련에 가 보니 길에서 자동차를 거의 볼 수 없고, 지나가는 자동차라고 해 봤자 낡아빠진 것들뿐이었다. 그런 나라가 인공위성 같은 걸 쏘아 올릴 수 있을 리가 없다'라고."

"그야말로 토끼와 거북이 이야기네……."

"그래. 그리고 토끼가 잠든 사이에 거북이는 아무도 모르게 조용히 인공위성 발사를 준비하고 있었던 거야."

칼럼

13 NASA 제트추진연구소란 어떤 곳일까?

미짱의 아빠가 일하는 NASA 제트추진연구소(JPL)는 어떤 곳일까요? 옛날에는 육군의 로켓연구소였지만 현재는 NASA의 우주탐사기를 개발하는 거점이 되었습니다.

Welcome!
NASA에 어서 오세요!

Aerial view

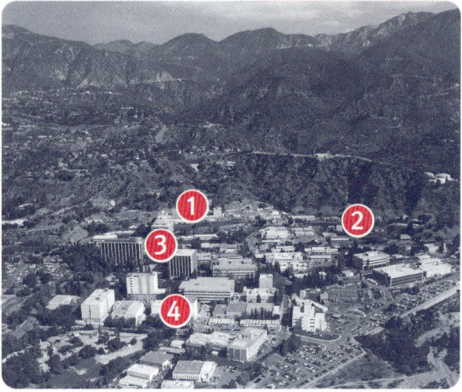

전경
JPL은 로스앤젤레스 북쪽에 솟아있는 샌 가브리엘 산맥 기슭에 위치한다.

Space Simulator

©NASA/JPL-Caltech

Mars Yard

©NASA/JPL-Caltech

❶ **우주 모의실험 장치**
높이 26m, 직경 8m나 되는 원통형의 방. 그 안을 진공으로 만들 수 있으며 온도도 −185℃부터 100℃까지 바꿀 수 있다. 우주 공간이나 행성의 환경을 모의해 우주탐사기를 시험한다.

❷ **화성의 정원**
화성로버의 주행 시험을 하는 장소

Spaceflight Operation Facility
©NASA/JPL-Caltech

❸ **우주비행 운용 시설**
태양계의 다양한 장소에 있는 우주탐사기와의 교신을 모니터링하거나 탐사기에 지시를 내리는 장소

Office

사무실
직원들이 평소 일하는 방은 평범한 회사와 별로 다르지 않다.

Deer

사슴
아무래도 우주와 관련된 일을 하지는 않는 것 같다.

©NASA/JPL-Caltech

Spacecraft Assembly Facility

❹ **우주탐사기 조립 시설**
우주탐사기를 조립하기 위한 거대하고 먼지가 전혀 없는 방. 먼지가 들어가지 않도록 안에서 작업하는 사람은 '버니수트'라고 불리는 옷으로 전신을 감싸고 있어야 한다.

14

스푸트니크는 노래한다

"세계 첫 인공위성, 스푸트니크 1호의 등장이다!"

"그래!"

"아빠, 스푸트니크 1호의 정식 이름이 뭔지 알아?"

"앗? 스푸트니크가 정식 이름이 아니었어?"

"사실은 '프로스테이시 스푸트니크 1호'야. 러시아어로 해석하면 '단순한 위성 1호'라는 의미래!"

"오, 그건 몰랐어. 그렇다는 건 위성에 '위성'이라는 이름을 붙였다는 뜻인가. 미짱이 어렸을 때 팬더 인형에 '팬더'라는 이름을 붙인 거랑 똑같네."

"아, 팬더는 지금도 내 보물인걸!"

"공룡 인형에게는 '공룡 군'이라고 했지?"

"아니야, '고룡 군'이야. 데이노니쿠스 고룡 군!"

"펭귄한테도 '펭짱'이라는 이름 붙이지 않았어?"

 "곰은 곰곰이가 됐지~."

 "어? 지금 누가 말한 거야?"

 "아, 음 아무 말도 안 들렸는데, 분명 기분 탓일 거야!"

미짱은 당황해서 곰곰이의 입을 막고는 테이블 아래에 숨겼다.

"아, 스페이스 셔틀도 '셔틀 군'이라고 불렀지!"

"됐어! 아빠야말로 의미를 알 수 없는 이름만 붙이잖아. 옛날에

우리 집 차 이름은 '포치'였고 아빠 컴퓨터는 '쯔요시'였고, 모기 잡는 기계에는 '카토리나'라는 이름까지 붙였잖아. 대체 누구야 카토리나가? 옛날 여자 친구야?"

"영감이 뛰어난 거야. 창의력이 풍부하다고 말해 주겠니?"

"흥, 창의력? 공기청정기는 '세이지'라고 부르고, 도시락통은 '벤토벤'이라고옮긴이 설명: 청소기는 일본어로 '세이죠키'이므로 비슷한 발음을 활용하여 일본 남성의 흔한 이름인 '세이지'를 붙였다. 또한 도시락이란 뜻의 일본어 '벤토'는 유명 음악가 '베토벤'을 본따 '벤토벤'이라는 이름을 붙인 것이다.부르고 그냥 장난 치는 것뿐이잖아."

"요즘은 미짱을 정말 이길 수가 없구나."

"곤란하지?"

"졌습니다."

"히히히."

"탐사기 이름하면, 아빠는 역시 '보이저'가 좋아. 항해자. 탐사기에 그 이상으로 잘 어울리는 이름은 없을 거야."

"일본의 탐사기 이름도 크루라고 하잖아. '하야부사옮긴이 설명: 매를 뜻한다.'나 '아카츠키옮긴이 설명 : 일본어로 '새벽녘'이라는 뜻으로 바라던 일이 성공하는 때를 의미하기도 한다.'라든가!"

"중국의 탐사기 이름도 멋있지. 우주정거장의 '천관'도 좋고, 달 탐사기인 '상아(嫦娥)'는 달의 여신 이름이지."

"러시아어로 지은 이름도 멋있어. 소련 스페이스 셔틀 이름인 '부란'은 눈보라를 뜻하고, 국제우주정거장에 있는 '자랴'는 일출, '즈베즈다'는 별."

"그렇게 생각하면 스푸트니크에도 좀 더 의미 있는 이름을 지어 줘도 좋았을 텐데."

"분명 급하게 지은 것 아닐까? 이름 같은 걸 생각할 틈이 없었던 거야."

"그럴지도 모르겠네. 미국의 신문은 소련에서도 읽을 수 있으니까 코롤료프는 미국의 로켓 개발이 얼마나 진행되었는지 잘 알고 있었던 모양이야. 어떻게든 폰 브라운보다 먼저 자신이 세계 첫 인공위성을 쏘아 올리고 싶어서 초조했겠지."

"꿈에 대한 열망뿐만 아니라 자존심도 강했네."

"뭐, 자존심이 스스로를 발전시키는 동기가 된다면 건전한 게 아닐까? 다른 사람을 짓밟으려고 한다면 좋지 않겠지만."

"코롤료프는 어떻게 해서 스푸트니크를 발사하도록 설득한 거야? 소련 정치가는 우주에도 관심이 있었어?"

"소련에서도 반대 의견이 더 많았다고 하는데, 코롤료프는 최고 권력자인 흐루쇼프의 지지를 얻어냈어. 민주 국가는 다수의 동의가 없으면 일을 진행할 수 없지만, 소련은 독재 국가였으니 독재자 한 사람이 원하는 것은 무엇이든 가능하거든."

"뭔가 복잡하네……. 독재자 한 사람이 원하면 무엇이든 할 수 있기 때문에 독일도 소련도 많은 억울한 시민들이 죽게 된 거니까……."

"그래. 그러니까 과학기술이나 물질적인 풍요만으로 사회를 판단하면 안 되는 거지."

"아무리 과학기술이 발전했어도 사람이 행복하지 않다면 아무 의미도 없는 거였어."

"아무튼 그렇게 해서 1957년 10월 3일, 꽁꽁 얼어붙을 정도로 추웠던 날 아침, 스푸트니크 1호를 태운 R7 로켓은 화물 열차에 실려 격납고에서 2.4km 떨어진 튜라탐 미사일 실험장의 발사대로 천천히 옮겨졌어."

"튜라탐? 바이코누르가 아니고?"

"맞아, 바이코누르 우주 기지는 당시 튜라탐이라고 불렸지."

"오오."

로켓이 발사대에서 위를 향해 우뚝 섰고, 다음날 밤 10시에 발사하기로 정해졌지. 코롤료프와 동료들은 발사대에서 약 100m 떨어진 지하 벙커에서 그 순간을 기다렸어."

"긴장된다!"

"더욱 긴장되는 건 발사한 후부터야. 로켓은 비행기와 다르게 인간이 조종할 수 없으니까. 발사 버튼을 한 번 누르면 모두 자동으로 이루어져서 성공인지 실패인지 알기 위해서는 그저 기다리는 것 말고는 할 수 있는 게 없거든. 병사가 발사 버튼을 누르니 코롤료프의 로켓은 무시무시한 불꽃을 토하면서 얼어붙은 밤을 한여름 태양처럼 비추며 하늘로 솟아올랐어."

"나였으면 그냥 있지 못했을 거야!"

"분명 코롤료프도 같은 기분이었을 거야. 게다가 발사 후 8초 동안 경보음이 울렸어. 엔진에 이상이 있었대. 그럼에도 로켓은 계속 날아 올랐는데, 코롤료프와 동료들은 그걸 지켜보는

것 외엔 아무것도 할 수 없었어. 발사한 후 로켓의 연소가 다 끝날 때까지 5분이 걸렸는데 아마도 코롤료프의 인생에서 가장 긴 5분이었을 거야."

"하지만 무사히 연소를 마치고 스푸트니크스는 인공위성이 되었구나!"

"그런데 그때 로켓에는 카메라 같은 게 달려 있지 않아서, 스푸트니크가 무사히 지구주회궤도에 올랐는지 바로는 알 수가 없었어. 그걸 알기 위해서는 스푸트니크가 약 1시간 30분 후에 지구를 한 바퀴 돈 다음에 그 전파를 보내줄 때까지 기다려야 했지."

"1시간 30분! 질식할 것 같아!"

"코롤료프와 동료들도 안절부절 못하며 지하 벙커를 뛰어나와 건물 밖에 있는 통신차로 달려갔대. 통신차에선 두 명의 통신병이 안테나를 하늘로 뻗어 스푸트니크의 전파를 기다리고 있었어. 코롤료프와 동료들도 마른침을 삼키며 기다렸지."

"아아, 빨리, 스푸트니크! 아직이야?"

"아직이야."

"아직이야?"

"아직이야."

"아직 안 왔어?"

"아직 안 왔지."

"아빠, 나 놀리려고 그러는 거지?"

"들켰나?"

"빨리!"

"그리고 1시간 30분 뒤!"

"왔을까?"

"왔을까……나?"

"아 정말 아빠!"

"드디어 통신병의 헤드폰으로 소리가 들렸어. 삐…, 삐…, 삐…, 삐…, 삐….'"

"해냈어!"

"모두가 뛰어오르며 춤추고, 울고, 서로를 얼싸안고 기뻐했다고 해. 그리고 코롤료프는 '이것은 그 누구도 들어본 적 없는 음악이다'라고 말했대."

칼럼

14 모두 모여라 우주선, 우주탐사기

로켓에 실린 우주선이나 우주탐사기는 모양도, 크기도, 가려고 하는 목적지도 다양합니다. 함께 놓고 비교해 볼까요!

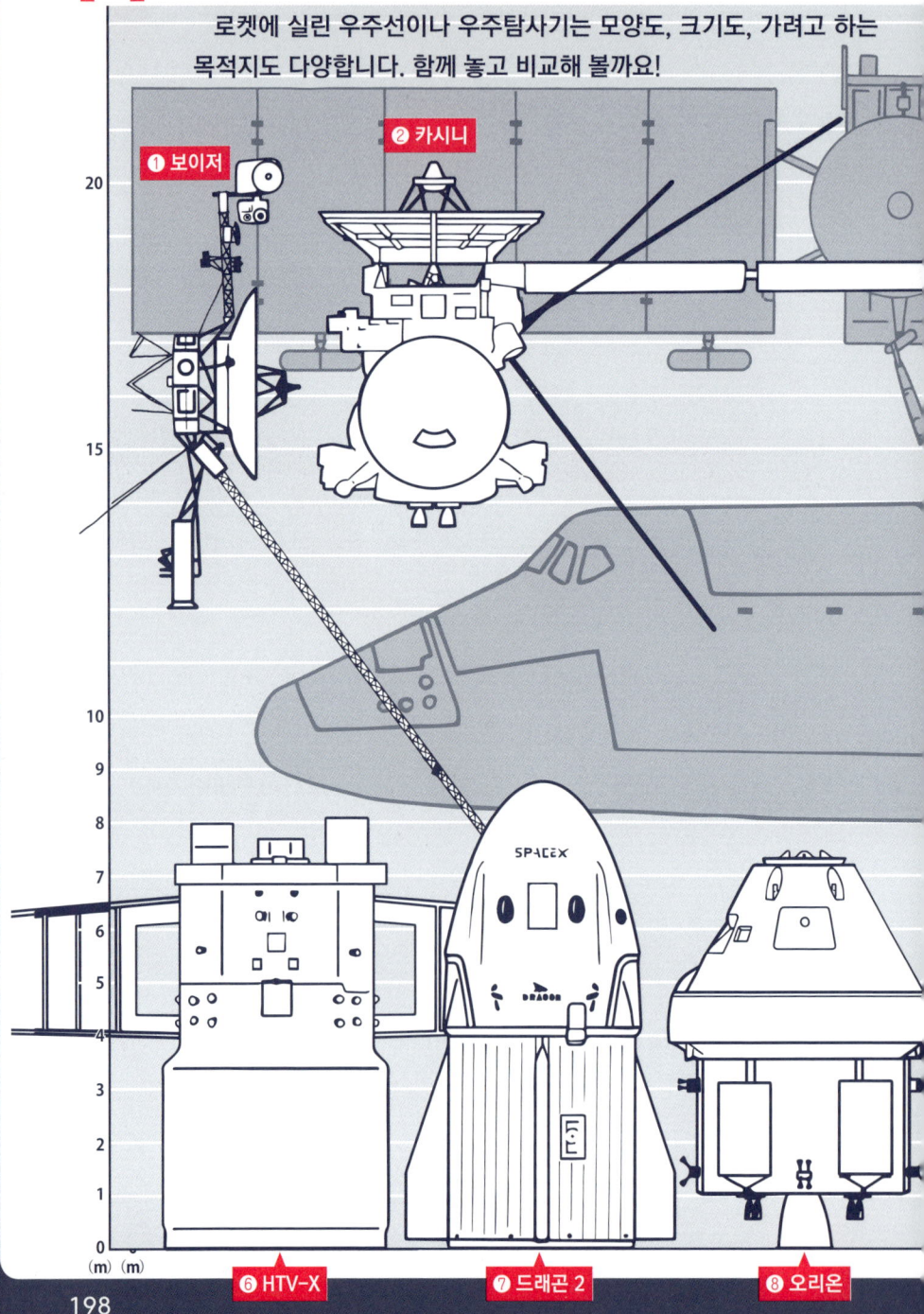

❶ 보이저　❷ 카시니　❻ HTV-X　❼ 드래곤 2　❽ 오리온

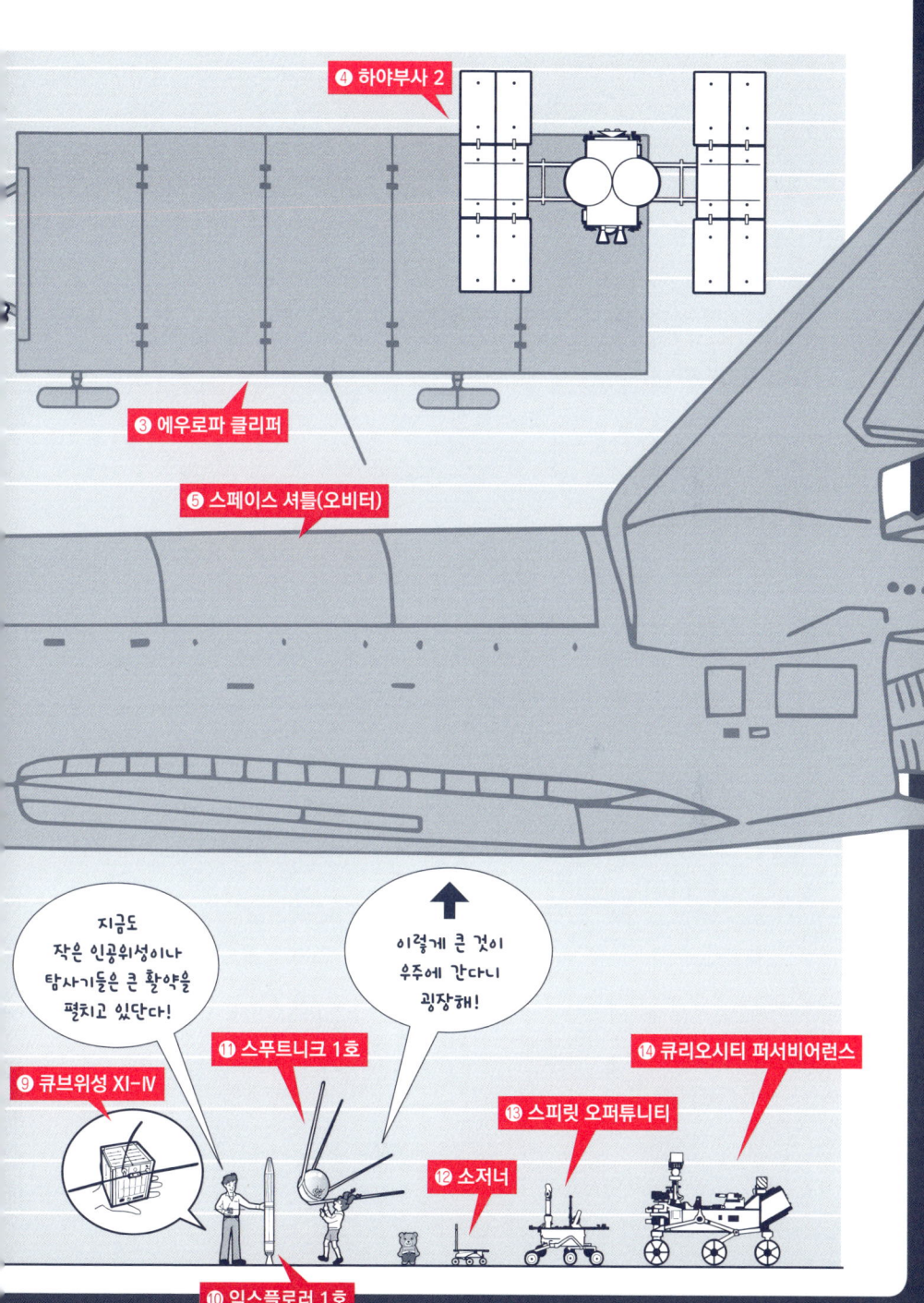

각 탐사기와 우주선의 상세 정보

	탐사기·우주선 이름	개발·운용국	개발기관	발사
1	보이저	미국	NASA, JPL	1977년
2	카시니	미국	NASA, JPL	1997년
3	에우로파 클리퍼	미국	NASA, JPL	2023년 이후
4	하야부사 2	일본	JAXA 우주과학연구소 (ISAS)	2014년
★ 5	스페이스 셔틀(오비터)	미국	NASA	1981년~2011년
6	HTV-X	일본	JAXA	2022년
★ 7	드래곤 2	미국	스페이스X	2020년~
★ 8	오리온	미국·유럽 일부 국가	NASA, ESA	2014년~
9	큐브위성 XI-Ⅳ	일본	도쿄대학	2003년
10	익스플로러 1호	미국	JPL	1958년
11	스푸트니크 1호	소련	OKB-1	1957년
12	소저너	미국	NASA, JPL	1996년
13	스피릿 오퍼튜니티	미국	NASA, JPL	2003년
14	큐리오시티 퍼서비어런스	미국	NASA, JPL	2012년, 2020년

* ★는 유인 우주선
* JPL : 제트추진연구소   ESA : 유럽 우주기관

목적지	길이	중량	주석
목성, 토성, 천왕성, 해왕성, 성간공간	3.7m (안테나 직경)	825kg	사상 첫 천왕·해왕성 근접 탐사(보이저 2호), 사상 첫 성간공간 도달(보이저 1호)
토성	6.8m (높이)	5.7t	사상 첫 토성 인공위성(오비터)
에우로파	약 30m	약 6t	지구 말고도 생명체가 있을 수도 있는 목성의 위성 에우로파를 탐사
소행성 류구	6m	609kg	소행성에서 얻은 샘플을 다시 지구로 가져옴.
지구저궤도	37.2m	110t	최초의 재사용 가능한 유인 우주선, 비행기처럼 수평착륙
지구저궤도	약 8m	약 16t	우주정거장에 물자를 옮기기 위한 우주선
지구저궤도	8.1m	약 15t	민간기업 중 처음으로 유인 궤도비행에 성공
달, 화성	7.1m	33.4t	NASA가 인류를 달이나 화성으로 보내기 위해 개발한 우주선
지구저궤도	10cm	약 1kg	사상 첫 큐브위성(초소형 위성의 규격) 중 하나
지구저궤도	2m	14kg	미국 첫 인공위성, 밴앨런대 발견
지구저궤도	58cm (직경)	84kg	최초의 인공위성
화성	66cm	11.5kg	최초의 화성로버
화성	1.6m	180kg	화성로버, 스피릿은 7.7km, 오퍼튜니티는 45.2km 주행
화성	3m	약 1t	화성로버, 퍼서비어런스는 예전에 화성에 있었을지도 모르는 지구 외 생명체의 증거를 찾는 역할임.

15

드디어 찾아온 기회─
익스플로러 1호, 우주로!

"그건 그렇고, 폰 브라운은 굉장히 속상했겠다. 20년 이상이나 참으면서 원치도 않는 미사일 개발을 해 왔는데 결국 추월당하기까지 했으니까."

"속상한 정도가 아니라 굉장히 화를 냈대. 그가 스푸트니크의 소식을 들었던 날, 마침 국방청 장관인 마이클 로이가 시찰을 왔었어. 폰 브라운은 이성을 잃고 소리를 질렀대. '우리는 2년 전에 해낼 수 있었습니다! 제발 부탁이니 하게 해 주세요! 로켓은 창고에서 자고 있습니다! 마이클 로이 씨, 우리는 60일 안에 인공위성을 발사할 수 있습니다! 당신의 허락과 60일의 시간만

있으면 된다고요!'라고."

"그래서 드디어 폰 브라운에게 기회가 온 거구나!"

"하지만 그렇게 되진 않았다고 해."

"뭐라고오? 어째서?"

"상황이 그런데도 폰 브라운이 속한 육군 팀보다 해군을 우선하는 정부의 방침은 변하지 않았거든."

"도무지 이해할 수가 없네! 미국은 인공위성을 발사할 생각이 없었던 거야?"

"아니, 그 반대야. 스푸트니크스의 뉴스를 듣고, 미국은 큰 충

격에 빠졌어. 왜냐하면 미국 하늘 위를 날아다니는 인공위성을 쏠 수 있다는 건 언제든 소련이 미국에 핵폭탄을 떨어뜨릴 수 있다는 뜻이잖아.”

“자존심도 산산히 부서졌겠네. 소련의 기술력은 미국에 훨씬 못 미친다고 생각했는데 가뿐히 뛰어넘었으니까…….”

“그래서 미국 정부는 해군에게 조금이라도 빨리 인공위성을 성공시키라고 압박했어.”

“그렇구나. 그래서?”

“스푸트니크가 성공한지 2개월 뒤인 1957년 12월 6일, 미국의 기대를 한 몸에 받은 해군의 뱅가드 로켓이 발사되었어.”

“그리고?”

“발사 2초 만에 대폭발…….”

“아아아아…….”

“미국에게는 더할 나위 없이 창피한 일이었어.”

“체면이 아주 말이 아니었겠네.”

“그리고 드디어, 폰 브라운에게 기회가 왔지.”

“처음부터 폰 브라운에게 맡겼으면 좋았을 텐데…….”

"하지만 폰 브라운에게 주어진 시간은 겨우 3일뿐이었어."

"무슨 뜻이야?"

"어디까지나 해군을 우선하겠다는 미국의 방침은 변하지 않던 거야."

"고집 참!"

"하지만 1958년 1월, 해군이 발사하기로 예정되었던 로켓에 문제가 생겨서 그걸 수리하는 기간인 3일 동안만 폰 브라운에게 기회를 준 거야."

"20년 이상이나 기다린 끝에 얻은 단 3일간의 기회였구나!"

"첫 날이었던 1월 29일엔 강풍 때문에 발사는 불가능했어."

"중요한 하루였는데!"

"2일째인 1월 30일도 여전히 바람이 거셌지."

"마치 영화 같은 전개네……."

"그리고 마지막 날 아침."

"바람은?"

"기구를 띄워서 풍속을 재 보니……."

"재 보니까……?"

"아슬아슬하게 가능!"

"기회가 생겼네, 폰 브라운!"

"발사는 엔진의 분사를 눈으로 확인할 수 있도록 밤 10시 반에 하기로 했어."

"나이트 런치구나! 자기가 만든 로켓이 우주를 향해 날아가는 모습을 보면 감동할 거야."

"하지만 폰 브라운은 그 장소에 없었어."

"어? 어째서?"

"본인도 발사되는 장면을 보고 싶어했지만 성공했을 때를 대비해서 기자회견을 준비하기 위해 1200km 떨어진 워싱턴에서 기다리라는 요구를 받았대."

"아, 그럼 화면을 통해서 본 거야?"

"그렇지도 않았어. 1958년에는 인터넷도 없었고, TV 생중계도 쉽지 않았어. 폰 브라운은 전화와 텔레타이프로 상황을 계속 확인했대."

"텔레타이프?"

"옛날에 사용하던 문자 채팅 같은 거야. 상대방이 키보드로 입

익스플로러 1호의 발사
©NASA

력한 문자를 전화 회선을 통해서 이쪽의 타자기로 또각또각 종이에 인쇄해 주는 구조지."

"점점 더 초조해진다!"

"발사 30분 전, 이런 텔레타이프가 도착했어. '로켓의 모습이 조명을 받아 아름답다'라고."

"실제로 보고 싶었겠다."

"그리고 '20초', '10초' 하고 텔레타이프의 문자를 통해 카운트다운."

"발사! 분명 상상의 눈으로 보고 있었을 거야. 폰 브라운의 로켓이 불꽃을 뿜으며 우주로 여행을 떠나는 모습을!"

"로켓의 상황은 차분히 텔레타이프로 전해져 왔어. 1단, 2단은 정상적으로 연소했대. 폰 브라운이 기다리질 못하고 3단, 4단은 어떻게 되었냐고 물으니 '아직 알 수 없다. 커피라도 한 잔 하거나 담배라도 피우면서 기다리고 있을 것'이라고 텔레타이프 답장이 왔어."

"커피 같은 걸 마시고 있을 수 있겠냐고!"

"몇 분 후, 모든 것이 순조롭다는 연락이 왔어. 우선 발사는 성공적으로 이루어졌던 것 같아. 문제는 인공위성이 제대로 지구 주회궤도에 올랐는가 하는 점이지."

"스푸트니크랑 마찬가지네."

"익스플로러 1호가 지구를 한 바퀴 돈 후 캘리포니아의 안테나가 전파를 받는 건 12시 30분이 지난 때를 예상하고 있었어."

"고통의 1시간 반! 나라면 졸도할 것 같아!"

"그리고 12시 30분이 되었어. 전파는 오지 않았지."

"……"

"1분, 2분……"

"왔어?"

"안 왔어. 3분, 4분……."

"아직이야?"

"아직이야. 5분, 6분……, 아직 안 왔어."

"아아아앗!"

"폰 브라운과 동료들은 실패했다는 생각에 의기소침해졌대."

"……."

"그리고 8분 후…… 캘리포니아의 네 군데 안테나가 전파를 받았다고 한꺼번에 보고해 왔어!"

"해냈다아아아아아!!"

미짱은 마치 폰 브라운이 된 것처럼 펄쩍 뛰어오르며 기뻐했다.

"전파가 늦게 도착한 건 궤도주기의 예상이 몇 분 어긋났기 때문이었대. 폰 브라운과 동료들은 매우 들뜬 모습으로 기뻐했어. 이것 봐 미짱, 이 사진을 본 적이 있지?"

아빠는 스마트폰으로 재빨리 검색한 후 사진이 담긴 화면을 미짱에게 보여줬다.

"물론이지! 세 사람이 들고 있는 것이 익스플로러 1호의 모형이잖아!"

"이건 성공 직후에 열린 기자회견 사진이야."

"아, 사진 제일 앞쪽에 폰 브라운이 서 있구나! 무척 기쁜 얼굴이야."

"아빠가 볼 땐 안심한 표정처럼 보이기도 하네."

©NASA

"그야 독일에서 미사일 개발을 시작한 후로 26년이나 지났으니까. 참 긴 시간이잖아. 언젠가 이런 날이 올 것이라고 믿고 원치도 않는 미사일 개발을 하면서 참을성 있게 줄곧 기회를 기다린 거지."

"그로부터 6개월 뒤에 NASA가 설립되었어. 그리고 1960년에는 폰 브라운의 육군 탄도미사일국이 NASA로 옮겨 와서 마셜 우주비행센터가 되었지."

"드디어 미사일에서 완전히 해방됐구나!"

"어린 시절에 본 우주를 향한 꿈이 48세가 되어서야 겨우 이루어진 거야."

"상상력의 불을 마음속에 품고 줄곧 지켜왔던 거구나."

"무슨 일이 있어도 고집을 꺾지 않았기 때문에 지킬 수 있었다고 볼 수 있지."

"그리고 NASA 마셜 우주비행센터를 이끌고 새턴 V 로켓을 완성시켜서 1969년 인류 최초로 달 착륙에 성공했지!"

"그 때, 폰 브라운은 57세였어. 참 긴 시간이었어. 상상력이 마음속에서 줄곧 속삭였던 것일지도 몰라. 포기하지 말아라, 힘내라, 우주가 너를 기다리고 있다고 말야."

PSO J318.5-22라는 행성에는 태양이 없습니다. 항성 주변을 공전하지 않고, 단독으로 우주 공간을 표류하고 있습니다. 늦게까지 깨어 있는 사람들에게는 최고의 여행지지요!
NASA-JPL/Caltech

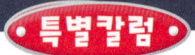

우주의 꿈을 한국에서도!

한국에서는 어떤 분들이
우주 개발에 힘쓰고 계실까요?
한국 로켓 발사체 연구 분야
첫 번째 여성 연구원인
임석희 연구원 님을 소개합니다.

(글: 과학탐험가 문경수)

한국항공우주연구원 로켓 개발자
임석희 책임연구원

"선생님이 그리신 태양계 그림을 보며 우주의 무한성과 크기에 흥미가 생겼습니다."

임석희 연구원은 고등학생 때 어떤 공부를 하면 평생 재미있게 살 수 있을지 고민하다가 우주에 관심을 갖게 되었습니다. 중학교 1학년, 첫 지구과학 수업에서 선생님이 태양계의 실제 크기를 축소해서 칠판에 그려 주셨는데, 칠판을 지나 복도를 넘어서도 다 그리지 못할 정도로 태양계는 거대했습니다. 임석희 연구원은 그중에서도 유독 태양에 관심이 생겼습니다. 지구에서 태양까지는 1억 5천만km나 떨어져 있고, 태양은 지구보다 직경이 108배나 큽니다. 자료를 찾아보니 태양을 연구하려면 인공위성이 필요했습니다. 당시 한국에는 인공위성도, 인공위성을 우주로 보낼 로켓도 없었습니다. 그래서 로켓을 공부하기 위해 항공우주공학과에 진학하기로 결심했습니다.

"모스크바로 유학을 떠날 때 로켓에 들어가는 고체 모터 분야를 연구하고 싶었습니다.
그런데 입학하던 해부터 고체 모터 분야가 사라져 액체 엔진을 전공했습니다."

임석희 연구원은 우여곡절 끝에 인하대학교 화학공학과에 진학했습니다. 마침 대학에 로켓 동아리가 있어 열심히 활동했는데 로켓을 직접 제작해 보니 엔진 분야가 자신의 적성과 맞다고 느꼈습니다. 한번은 러시아의 로켓 과학자가 인하대학교에 초빙돼서 로켓 동아리를 지도한 적이 있는데, 이 인연으로 1993년에 로켓과 우주를 주제로 한 모스크바 단체 견학을 가게 되었습니다. 우주 개발 분야에 풍부한 경험이 있는 러시아의 대학교와 연구소, 박물관을 보며 러시아에서 본격적으로 로켓을 공부하기로 결심했습니다.

"모스크바로 유학을 떠나면서 로켓에 들어가는 고체 모터 분야를 연구하고 싶었습니다. 그런데 입학하던 해에 고체 모터 분야는 입학이 되지 않아 액체 엔진을 전공으로 선택했습니다."

임석희 연구원은 어학연수 1년, 석사과정 2년 반을 마치고 한국으로 돌아와 1999년 한국항공우주연구원에 발사체 분야 연구원으로 입사했습니다. 연구원 중에는 이미 발사체를 연구하는 분들이 50명 정도 있었고 여성 연구원은 임석희 연구원이 첫 번째였습니다. 이곳에서 연구하던 임 연구원은 2001년 러시아로 파견 근무를 나갔습니다. 마침 발사체 개발을 위해 우리나라와 러시아가 협력하게 되어 2년간 러시아에 머물면서 그 준비 작업을 담당했습니다.

한국항공우주연구원은 1990년대부터 과학로켓(KSR: Korea Sounding Rocket) 개발을 통해 우주발사체 개발을 위한 준비를 해 왔습니다. 2002년에는 인공위성 발사체 개발의 중간 단계인 액체 추진 과학 로켓 KSR-3 발사에 성공했습니다. KSR-3는 가압식 엔진 방식이었지만, 나로호부터는 터보 펌프 방식으로 바뀌었습니다. 임석희 연구원은 러시아에서 공부한 액체 엔진 기술을 본격적으로 연구하는 환경이 만들어진 것 같아 기뻤습니다. 이제부터는 작은 과학 로켓이 아닌 인공위성을 우주로 보내는 로켓을 만들 수 있게 됐습니다. 나로호 발사체 개발이 본격화 되면서 임석희 연구원은 전남 고흥에 있

는 나로우주센터를 오가며 연구에 몰입했습니다. 나로우주센터는 로켓을 발사하는 시설로, 이곳에서 로켓의 최종 조립을 진행합니다. 조립을 마친 로켓은 발사대로 이동하고, 가슴을 졸이며 최종 발사 준비를 합니다.

"발사대로 이동되기 직전, 조립동에서 모든 준비를 마친 로켓을 바라볼 때는 마치 자식을 결혼시키는 기분이 듭니다. 엄청난 소리와 화염을 분출하며 로켓이 올라가는 장면은 직접 보지 않고는 뭐라 말할 수 없지요. 십 년이 넘는 준비 기간을 잊을 수 있는 매력적인 순간입니다."

성공적으로 로켓이 발사되면 그 어떤 것과도 바꿀 수 없는 황홀한 기분이 듭니다. 하지만 로켓 개발은 어려움과 극복의 순간이 교차하는 일입니다. 2009년 나로호 1차 발사를 실패하고 여론이 좋지 않아 걱정이 됐습니다. 당시 국민적 기대가 워낙 커서 모두 한 번에 발사에 성공할 줄 알았습니다. 다행히 어려운 일을 하고 있으니 다시 도전해야 한다는 국민들의 응원과 정부의 지원 덕분에 3차 발사 때 성공을 했습니다. 러시아 기술진과 함께 일하면서 소통의 문제로 힘든 적도 있었습니다. 하지만 조립과 발사를 거듭하며 서로를 잘 알게 된 다음부터는 눈빛으로 대화가 될 정도가 되었습니다.

임석희 연구원은 과거에는 주로 정부가 나서서 우주 개발을 진행했다면, 앞으로는 기업과 같은 민간의 참여가 확대될 거라고 말합니다. 특히 우리나라는 반도체, IT 같은 세계적인 기술을 많이 갖고 있습니다. 이런 기술을 우주에서 활용할 수 있도록 고민하면 다른 산업에서 우주 산업으로 진입할 수 있습니다.

미국항공우주국(NASA)은 다시 달에 사람을 보내기로 했습니다. 과거에 달에 가는 목적이 경쟁이었다면 이번에는 실제 거주하기 위해 달에 가는 것입니다. 즉, 지구의 도시를 달에 옮기는 겁니다. 우리가 사용하는 모든 의식주를 우주에서 사용할 수 있어야 합니다. 만약 달에서 입는 우주복을 만든다면 과학자들은 우주 환경에 대한 정보를 제공하고 의류 전문가, 인체공학 전문가가 직접 우주복을 만드는 형태로 협력이 이뤄질 겁니다. 또 달에 기지를 지으려면 건설 전문가와 과학자들이 협력할 수 있습니다.

"한국이 보유한 세계 수준의 기술을 우주 분야와 협력하면 새로운 시장을 만들 수 있습니다."

한국항공우주연구원은 2021년 10월 누리호를 발사했습니다. 최종적으로 누리호 개발이 성공하면 인공위성을 우주로 실어 보내는 발사 서비스가 가능해집니다. 임석희 연구원은 국내 우주 기업들이 인공위성 발사 서비스를 할 수 있도록 지원하는 일과 연구를 하고 있습니다. 전 세계적으로 소형/중형 인공위성에 대한 수요가 증가하고 있기 때문에 노력한다면 국내 우주 기업들에게도 새로운 기회가 찾아올 것입니다.

임석희 연구원은 우주에 관심이 있는 학생들에게 하고 싶은 일을 하라고 말했습니다. 우주에 관심이 있다면 꼭 우주가 아닌 다른 일을 하더라도 언젠가는 우주와 연결된다고요. 앞으로는 모든 분야가 우주와 연결되는 시대를 살아가게 될 겁니다.

16

지구에서 달까지- 인간의 상상은 모두 이루어질 수 있다

밖이 완전히 어두워지자 두 사람은 방으로 돌아와 불을 켜고 소파에 앉았다. 미짱은 흥분해서 이야기를 이어갔다.

"그리고 우주 개발 경쟁에 돌입하게 되었지! 나는 몇 번이나 책으로 읽었어! 처음에는 소련이 계속 이기기만 했지. 하지만 1961년 코롤료프의 R7을 발전시킨 보스토크 로켓으로 가가린이 세계 첫 유인비행에 성공했어. 그리고 3주 후, 폰 브라운의 레드스톤 로켓에 탑승한 앨런 셰퍼드가 미국인 첫 우주비행을 했지만 가가린과 달리 탄도비행이었지. 1963년 탄생한 첫 여성 우주비행사도 소련 사람이야. 테레시코바는 내 영웅이야! 테레시코바가 우주에서 말한 '나는 갈매기'는 정말 멋진 말이지."

"최초의 우주 유영도, 최초의 무인 달 탐지기도 소련이었지."

"반격을 위해 미국의 캐네디 대통령이 내건 모험이 아폴로 계획이었어! 캐네디 대통령의 그 연설은 정말 최고로 멋있었어! '우리는 달에 가기로 했다. 그것이 간단한 일이 아니라, 어려운 일이기 때문이다'라니."

"캐네디가 1960년대 후반까지 사람을 달에 보내겠다고 선언했을 때, 미국은 여전히 앨런 셰퍼드가 15분 동안 탄도비행에 성공했던 것이 유일하게 사람을 태웠던 비행이었어. 믿을 수 없을 정도로 무모한 선언이었지."

"무모한 계획을 가능하게 만든 것이 폰 브라운이지! 그가 개발한 새턴 V 로켓은 높이 111m, 중력은 무려 2970t!"

"그리고 새턴 V 로켓으로 발사한 첫 유인 미션이……."

"아폴로 8호! 인류 역사상 첫 달주회비행! 달을 10번 돌고 지구로 돌아왔지!"

"그러고 보니 얼마 전 미짱에게 준 쥘 베른의 『지구에서 달까지』라는 책 있잖아?"

"응."

"100년도 전에 쓴 그 책의 이야기가 아폴로 8호 미션과 완전히

쥘 베른의 『지구에서 달까지』의 삽화(왼쪽)
태평양으로 돌아온 아폴로 11호 사령선(오른쪽)
ⓒNASA

똑같아."

"앗, 정말로?"

미짱은 자기 방으로 달려가 책장에서 붉은 표지의 책을 꺼내서 들고 나왔다.

"이봐, 달을 향해서 우주선을 발사한 장소가 플로리다고……."

미짱의 아빠는 책을 받아 들고 책장을 넘겨 삽화를 손가락으로 가리키며 설명했다.

"달 둘레를 돌아서 돌아온 것도 똑같고, 이것 봐, 태평양으로 귀환했다는 것도 완전히 똑같아."

"굉장해! SF가 100년의 시간을 넘어 정말로 실현되었구나!"

"그래! 그가 바다를 보고 품었던 상상력이 이 책을 통해서 로켓의 아버지에게 전달, 폰 브라운이나 코롤료프까지 이어졌고 그들의 기술력으로 변해서 달까지 닿는 로켓을 완성시켰어."

"정말로 바이러스 같네! 바이러스는 스스로 움직이거나 숨쉴 수 없지만 다른 생물에게 기생하면서 자기복제를 해서 확산하니까. 상상력도 여러 사람의 마음에 감염되어 증식하고, 확산하는구나. 그것뿐만 아니라 독재자나 정치가, 전쟁까지 이용해서 마지막에는 그걸 실현시켰어."

"감염된 것은 폰 브라운이나 코롤료프뿐만이 아닐 거야. 분명 SF 소설이나 TV, 영화를 통해 세계의 모든 사람들이 어느새 우주를 향한 상상력에 감염되었다고 생각해."

"맞는 말이야! 모두 우주를 떠올리면 두근두근하잖아. 그래서 스푸트니크가 세계에서 이렇게 큰 주목을 받고 있는 거고. 핵미사일을 만든 나라도, 고급차를 만든 나라도 아닌 인공위성을 최초로 쏘아 올린 나라가 과학기술 분야에서 가장 선진국이라고 모두들 생각하는 거야."

"거기에 결국, 코롤료프의 R7이나 폰 브라운의 레드스톤은 병기로 사용된 적은 한 번도 없었어. 액체 연료식 로켓은 우주로 가기에는 적합하지만, 병기로는 잘 맞지 않았거든. 그래서 현대의 미사일은 거의 고체 연료식 로켓으로 바뀌게 되었어."

"우주를 꿈꾸는 마음에서 태어난 로켓은 역시 우주를 날기 위해 존재했던 거야!"

"바로 그거야. 물론 한 사람의 마음에 깃든 상상력은 무척 약하지. 욕심이나 야망, 분노, 두려움에 금방 지게 되니까. 하지만 그런 부정적인 감정은 사람에서 사람으로 공유되지 않아. 과거의 독일인이 히틀러를 따랐던 것은 공포에 사로잡혔기 때문이지 히틀러의 야망에 공감한 것은 아니었어. 그러니까 히틀러가 죽은 뒤 세계 정복의 꿈도 함께 이 세계에서 사라진 거지."

"하지만 상상력은 달라! 두근두근하는 마음은 사람에서 사람으로 전염되니까. 피부색이나 살고 있는 장소, 믿는 종교나 쓰는 언어가 달라도 밤 하늘의 별을 올려다보며 우주를 꿈꾸는 마음은 세상의 누구나 공유할 수 있는 거잖아. 그래서 상상력의 힘이 이렇게도 강력한 거지!"

"그렇단다."

"마치 『작은 물고기들의 이야기』한국어판: 으뜸 에험이 같아. 하나하나의 힘은 작아도 모두가 상상력을 공유하면 역사를 변화시키는 큰 힘이 되는 거지!"

"그리고 상상력은 시대마저도 뛰어넘어. 우주 개발은 길고 긴 시간이 걸리잖아. 바로 옆에 있는 달에 가는 데에도 쥘 베른의 『지구에서 달까지』가 세상에 나온 뒤로도 100년이나 걸렸으니까. 하지만 상상력은 세대를 넘어 이어지는 거야. 인류가 상상력이라는 불을 지켜 나간다면 분명 얼마든지 멀리까지 갈 수 있을 거라고 생각해."

"트라피스트 1에도?"

"물론!"

"하지만 그건 100년이나 걸리지 않을 거야, 왜냐하면 내가 갈 거니까!"

"하하하, 정말 그렇겠네."

"아, 아빠, 안 믿는구나?"

"믿고 있지, 당연히."

"정말로?"

"정말이야. 미짱은 분명 꿈을 이룰 거야. 게다가 폰 브라운이나 코롤료프와 다르게 전쟁이나 독재자의 아래에서 겁낼 필요 없이 마음껏 꿈을 펼칠 수 있잖아. 미짱이 가 버린다면 아빠는 쓸쓸하겠지만."

"그러고 보니 아빠, 아직 알 수 없는 게 있는데……."

"응?"

"그러니까 결국 폰 브라운은 좋은 사람이었던 걸까? 아니면 나쁜 사람이었던 걸까?"

아빠는 천장을 올려다보며 생각에 잠겼다. 그러고는 잠시 미짱을 바라보더니 물었다.

"미짱은 어떻게 생각해?"

"모르겠어. V2가 많은 사람들의 생명을 빼앗은 건 절대로 용서할 수가 없어. 하지만 폰 브라운이 없었다면 인류는 달에 가지 못했을 테니까 위대한 사람인 것도 변함없는 사실이지……."

"그래, 정답은 없다고 생각해. 영화나 게임처럼 그 사람이 좋은 사람인지 아닌지 단순하게 구분할 수는 없으니까. 미짱은 안네 프랑크를 알고 있니?"

"응, 『안네의 일기』를 쓴 사람이잖아."

"그래. 유대인이었기 때문에 나치에게 쫓기고, 강제수용소에 들어간 후 열다섯 살의 나이에 죽은 소녀지. 그녀는 이런 말을 했어. '여러 일이 있었지만 그래도 나는 믿고 있습니다. 인간의 마음은 선한 것이라고' 말이지."

"강한 사람이었네……."

"안네가 말한 대로라고 생각해. 원래 사람의 마음은 선한 것이라고 믿어."

"그러면 어째서 전쟁이 일어나는 걸까?"

아빠는 다시 잠시 동안 생각했다.

"아마도 인류의 문명이 아직 미숙하기 때문이 아닐까? 생각해 봐, 작은 아이는 쓸데없는 일로 싸우곤 하잖아. 무언가를 가졌다든가, 갖지 못했다든가 하는 일로도 말이야. 하지만 아이들의 마음은 모두 순수하지."

"그러니까 인류는 아직 작은 아이 같은 거네……."

"하지만 아빠는 긍정적으로 생각해. 인류가 공유하는 더욱 강한 상상력은 평화롭고 행복한 세계를 추구하는 마음이라고."

"실현할 수 있을까."

폰 브라운과 새턴 V 로켓 ©NASA

"물론이지. 인간은 달까지 갈 수 있는 존재니까. 실현되기까지 긴 시간이 걸릴지도 모르지. 하지만 상상력은 세대를 넘어서 이어져. 미짱이 트라피스트 1에 여행을 할 무렵엔 분명 인류 문명이 성장해서 지구에 전쟁도 폭력도 사라져 있을 거야."

미짱의 표정이 밝아졌다. 아빠는 희망으로 빛나는 미짱의 눈을 바라봤다. 그 안에서 인류의 미래가 보이는 듯했다.

"아빠의 이야기는 여전히 길지만 좋은 말도 하네!"

"이녀석이!"

그때 현관문이 찰각 열리는 소리가 들렸다. 미짱은 무릎 위에 올려 둔 붉은 책을 떨어뜨리며 일어섰다.

"엄마다! 엄마한테도 레고로 만든 최고의 작품을 보여줘야지! 아빠, 좀 도와줘! V2를 식탁에 살짝 올려 둬! 엄마한테는 아무 말도 하지 말고!"

"그러지 말고 솔직하게 말하면서 보여주면 되잖아."

"엄마, 어서오세요! 아직 거실로 들어오면 안 돼! 으음, 별일은 아니고. 아빠, 준비됐어?"

"준비됐어."

아빠는 레고로 만든 V2를 미짱이 부탁한 것처럼 테이블 위에 올려놓은 후 미짱이 던져버린 붉은 표지의 책을 집어 들었다. 그리고 미짱이 엄마와 이야기를 나누는 사이 표지 뒤에 볼펜으로 이런 말을 적어 두었다.

"**인간의 상상은 모두 이루어질 수 있다.**"
쥘 베른

미짱 아빠의 질문

폰 브라운은 좋은 사람이었을까요? 아니면 나쁜 사람이었을까요? 그것도 아니라면 좋은 마음을 가진 사람이 나쁜 행동을 할 수밖에 없었던 것일까요? 혹은 좋은 사람과 나쁜 사람을 구별하는 것이란 불가능한 일일까요? 여러분은 어떻게 생각합니까?

만약 여러분이 폰 브라운이었다면 어떻게 했을까요? 당신은 우주를 꿈꾸는 재능 있는 기술자입니다. 악마가 찾아와 꿈을 이루어 주는 대신 전쟁을 도와주라고 말합니다. 그것이 꿈을 이룰 수 있는 유일한 수단이라면, 당신은 어떻게 하겠습니까?

전쟁을 '이용한' 것은 로켓에 한정된 이야기는 아닙니다. 비행기, 컴퓨터, 레이더, 그리고 원자력도 전쟁 중 중요하게 쓰였습니다. 인터넷이나 GPS도 미국군이 개발했습니다. 군사와 과학기술은 현대에도 서로 의지하는 관계입니다. 여러분의 일상생활은 군사 기술을 통해 큰 혜택을 받고 있습니다. 여러분은 이것에 대해 어떻게 생각합니까?

과학기술은 20세기 이후 인류의 커다란 진보의 원동력이 되었습니다. 사람들은 풍요로워졌고 병이나 전쟁, 폭력으로 목숨을 잃는 사람의 비율도 매우 줄었습니다. 하지만 이 작은 행성에는 아직, 괴로움과 슬픔 속에 사는 아이들이 많습니다. 어떻게 하면 모든 아이들이 굶지 않고, 어려움에 처하는 일도, 두려움에 떠는 일도 없이 자유롭게 꿈을 꾸고 그 꿈을 이야기하며 자신의 꿈을 쫓는 미래를 실현시킬 수 있을까요?

상상력을 발휘하여 생각해 봅시다. 여러분이 어른이 되었을 때, 어떤 세계가 되어 있었으면 좋겠습니까? 그러기 위해선 지금의 어른은 무엇을 해야만 할까요? 여러분이 어른이 된다면 무엇을 해야만 할까요? 지금 여러분이 할 수 있는 일은 무엇이 있을까요?

**우주에 관한 이야기가 궁금한 어린이들을 위해
아래의 책을 추천합니다.**

『조지의 우주를 여는 비밀열쇠』 루시 호킹, 스티븐 호킹 지음
『호모 아스트로룸』 오노 마사히로 지음

지은이 설명 : '인간의 상상은 모두 이루어질 수 있다(Tout ce qu'un homme est capable d'imaginer, un autre est capable de le realiser)'라는 말은 실제로는 쥘 베른 본인이 한 말이 아닌, 후세의 전기작가가 만들어 낸 말이라고 합니다. 하지만 이 말은 쥘 베른의 작품에 담긴 세계관, 그리고 그의 상상력의 많은 부분이 다음 세대를 통해 실현되었다는 생각에, 이 책에서는 그의 말이라고 설정했습니다.

사건 연대표

연도	사건	참고(쪽)
1828	쥘 베른 탄생	34
1857	러시아 '로켓의 아버지' 치올콥스키 탄생	48
1865	쥘 베른의 SF 소설 『지구에서 달까지』 출판	40
1882	미국 '로켓의 아버지' 고다드 탄생	56
1894	독일 '로켓의 아버지' 오베르트 탄생	74
1903	치올콥스키, 로켓방정식을 발표	47
1907	코롤료프 탄생	163
1912	폰 브라운 탄생	117
1914	제1차 세계대전(~1918)	124
1923	오베르트, 『행성간 우주로 가는 로켓』을 출판	76
1926	고다드의 세계 첫 액체 연료 로켓 실험, 비행 거리 56m	66
1932	폰 브라운, 독일 육군에 채용돼 로켓(미사일) 개발을 시작	135
1933	히틀러, 독일 수상에 취임	137
1939	제2차 세계대전 발발	124
1944	폰 브라운이 개발한 독일 V2 로켓(미사일)이 고도 176km 탄도비행을 성공해 사상 첫 우주공간에 도달, V2 로켓(미사일) 첫 실전 사용, 민간인 3명이 희생	138
1945	제2차 세계대전 종결, 폰 브라운은 미국으로 망명	176
1953	미국, 폰 브라운이 V2를 기초로 개발한 단거리 탄도미사일 레드스톤의 첫 발사 성공	178
1957	소련, 코롤료프가 개발한 세계 첫 대륙간 탄도미사일 R7 로켓(미사일)의 발사에 성공 소련, R7을 이용해 세계 첫 인공위성 스푸트니크 1호 발사 성공	169

연도	사건	참고
1958	미국, 레드스톤을 1단으로 사용한 주노 I 로켓으로 미국 첫 인공위성 익스플로러 1호 발사에 성공	205
1961	소련, R7을 발전시킨 보스토크 로켓으로 세계 첫 유인우주비행에 성공(보스토크 1호, 108분간의 궤도주회비행) 미국, 레드스톤으로 미국 첫 유인우주비행에 성공(머큐리 프리덤7, 15분간 탄도비행)	218
1963	소련, 세계 첫 여성 우주비행사 비행 성공(보스토크 6호)	218
1968	미국, 폰 브라운이 개발한 새턴 V 로켓으로 세계 첫 달주회비행에 성공(아폴로 8호)	220
1969	미국, 세계 첫 달 착륙에 성공(아폴로 11호)	212
1970	일본, 람다 4S 로켓으로 일본 첫 인공위성 오오스미를 발사	없음
2009	한국, 나로호 1차 발사	216
2013	한국, 나로호 3차 발사 성공	216
2021	한국, 독자적으로 개발한 로켓인 누리호 발사	217

* 붉은 글씨는 우주와 관련된 사건

후기와 감사의 말씀
(한국어 판)

    이 책이 한창 한국어로 번역되고 있던 2021년, 한국은 독자적으로 개발한 로켓 '누리호'의 발사를 성공시켰고(발사체 발사는 성공, 위성의 목표 궤도 안착은 실패), 그 뉴스가 제가 살고 있는 미국에까지 전해졌습니다. 또한 2022년에는 한국발 달 탐사기인 한국형 달 궤도선(Korea Pathfinder Lunar Orbiter, KPLO)의 발사가 예정되어 있습니다. 나아가 2030년까지 누리호를 이용해 랜더나 로버를 달로 보낼 계획을 세우고 있습니다. 한국에서도 우주 개발에 대한 관심이 높아지는 와중에, 이 책이 꿈과 상상력 가득한 한국의 미짱들에게 전해지게 된 것을 기쁘게 생각합니다.

    이 책에 대한 아이디어는 약 2년 전, 도쿄의 미타카에 있는 '탐구학사'라는 학원에서 초등학생 아이들에게 강연을 하면서 얻게 되었습니다. 당시 초등학교 2학년인 여자 아이가 베스트셀러였던 저의 전작 『우주에 생명이 있을까』(한국 출판명 '호모 아스트로룸', 2019, arte)를 가져와서는 재미있었다는 이야기를 하는 것을 보고 신기하단 생각을 했습니다. 일본어는 예전의 한국이 그랬던 것처럼 한자에 한글과 같은 표음문자인 가나를 섞어 표기합니다. 『우주에 생명이 있을까』는 어른을 위한 책이기 때문에 아이들에게는 어려운 한자가 많이 등장합니다.

"벌써 한자를 읽을 수 있다니 대단한걸!"

그렇게 말하니, 아이는 조금 쑥스러워 하면서 손에 들고 있던 책을 펼쳐서는 비밀을 가르쳐 줬습니다. 모든 한자에는 작은 손글씨로 읽는 방법이 표시되어 있었습니다. 우주를 너무나 좋아하는 딸을 위해 어머니께서 엄청난 시간을 들여 손으로 일일이 읽는 방법을 적어 준 것입니다.

저는 그것을 보고 이러한 아이들에게야말로 『우주에 생명이 있을까』에 등장하는 이야기들을 가장 먼저 들려 줬어야 했다는 생각이 들었습니다. 이런 계기로 『우주에 생명이 있을까 : 어린이 판』을 출판사에 제안하면서부터 이 책이 만들어지게 되었습니다. 하지만 NASA 연구원 일이 워낙 바빠 시간을 낼 수 없었기 때문에 처음에는 전작을 읽기 쉽게 만든 후 컬러로 된 삽화를 추가하는 정도의 간단한 기획을 생각했습니다. 하지만 편집자인 사카구치 소이치 씨가 모처럼 책을 내는 것이니 어린이를 위한 새로운 이야기를 쓰는 것이 어떻겠냐는 제안을 주셔서, 2년에 걸쳐 지금과 같은 형태의 단행본을 완성할 수 있었습니다. 거기서 1년 후에는 만화 『우주형제』의 에이전트인 코르크 에이전시의 한국 책임자 이혜령 씨의 노력 덕분에 드디어 한국어 판을 발매할 수 있게 되었습니다.

이야기 속에 등장하는 열두 살의 소녀 미짱이라는 인물은 옛날의 저 자신과 네 살짜리 제 딸 미짱의 성격을 합친 후, 몇몇 열두 살 전후의 아이들에게서 힌트를 얻어 만들게 되었습니다. 야마시타 유이 씨, 우메자키 에이루 군, 시타가와 유카 씨, 히나카 씨, 토가와 마슈 씨, 이시다 마나 씨, 미라이 씨, 미짱은 당신들을 닮았습니다. 원고가 형태를 갖춘 후에는 미짱과 같은 많은 아이들이 원고를 읽어 주었고, 조언을 해 주었습니다. 이시다 유마 군, 이토 아야토 군, 이토 소마 군, 우치우미 사토시 군, 에가시라 다카시 군, 다이에츠 토모하루 군, 다이몬 아키라 군, 다이몬 타츠키 군, 기무라 나키 군, 코바야시 타쿠마 군, 사이토 유우 군, 사이토 나오야 군, 사카시타 유마 군, 사토 후와 씨, 사토 타마유라 씨, 스즈키 쇼야 군, 스즈미 씨, 소가 쇼시 군, 소가 레나 씨, 다카키 소쿠 군, 다카키 다카히로 군, 다카키 나나코 씨, 다케모토 소타 군, 타시로 코하루 씨, 나카무라 카이라 군, 후쿠도메 마호 씨, 후지사키 레이나 씨, 마스다 유니 씨, 미무라 슌 군, 미야코시 마오 씨, 뭇군, 안부쿠 료 군, 정말로 고마웠습니다. 보호자인 이시다 메구미 씨, 이토 마사유키 씨, 이토 마유미 씨, 이토 카즈유키 씨, 우치우미 하루키 씨, 우메자키 카오루 씨, 에가시라 하루카 씨, 다이에츠 미유키 씨, 다이몬 히데아키 씨, 기무라 치에코 씨, 코바야시 유카 씨, 사이토 나오미 씨, 사카시타 레이코 씨, 사토 나오테루 씨, 시타가와 마노카 씨, 도네가와 슌페이 씨, 스즈키 노부야 씨, 스즈키 치에 씨, 소가 유코 씨, 다카키 아사미 씨, 다카키 야스히로 씨, 다케모토 가츠라 씨, 나카무라 치에코 씨, 후쿠도메 루리코 씨, 후지사키 쿠미코 씨, 마스다 카오리 씨, 미무라 토모코 씨, 미야코시 키쿠코 씨, 미야와키 료 씨, 뭇군의 아버지, 야마시타 이쿠미 씨께도 매우 유용한 조언을 들었습니다.

씩씩한 우주의 아이들과 교류할 기회를 만들어 주신 연구학사의 타키타 케이코 씨와 히로시마 어린이 우주 아카데미의 이토 토모코 씨에게도 깊은 감사를 드립니다. 제 독자 커뮤니티인 '우주선 피쿼드' 여러분들께도 다양한 방면에서 도움을 받았습니다. 이토 토모코 씨, 우메자키 토오루 씨, 오쿠노 분시로 씨, 다카키 야스히로 씨, 도가와 카즈코 씨, 하야시 치에코 씨, 미야모토 아츠시 씨, 어린이들에게 조언을 얻을 수 있었던 것은 여러분이 원고를 읽기 쉽게 만드는 작업을 흔쾌히 받아들여 주신 덕분입니다.

제작 후반에는 약 백 명의 아이들과 어른들이 '공동제작자'가 되어 주셔서 더욱 좋은 작품을 만들 수 있도록 조언을 받은 것은 물론, 책의 꼴과 제목 등에 대해서도 독자의 시선으로 귀중한 의견을 들을 수 있었습니다. 아키야 칸타 군, 아사노 코타로 군, 아베 아키코 씨, 아베 히로시 군, 이시미즈 하루키 군, 오우치 이

츠키 군, 오타 씨와 타쿠토 군, 오하타 소마 군, 오마치 사와 씨, 오마치 하루타카 군, 코구치 유메 씨, 카스타레노줄리아 씨, 카즈키 마코토 군, 기무라 히나코·미사코 씨, 사사키 마리코 씨, 사사키 유이 씨, 사노 히나코 씨, 다테노 시즈코 씨, 타니 우미카 씨, 나츠오 씨, 나카노 소마 군, 니시가하나 슌타 군, 노자키 미사키 사나 씨, 노다 리리 씨, 히로세 료 씨, 마스도 소라 군, 마츠시마 카에데 씨, 미야모토 쿠루미 씨, 무라타 카호 씨·켄스케 군 야마다 카렌 씨, 야마모토 코세이 군, 요시하라 스미레 씨·린타로 군, 라디노아줄리안 마사히로 군, 아타카 나오코 씨, 아라이 미키 씨, 안도 케이지 씨, 오시로 요코 씨, 오노 신이치로 씨, 오다 슈헤이 씨, 오노 유키나카 씨, 카와무라 코지 씨, 기미라 다카시 씨, 기무라 토모미 씨, 기리 시오리 씨, 구라카즈 코우 씨, 쿠레마츠 켄 씨, 고미 소가 씨, 사이토 에츠코 씨, 사쿠마 아키히코 씨, 사사키 다카히로 씨, 시타무라 카오리 씨, 다나카 유키코 씨, 츠지우치 마이라 씨, 츠네모토 츠요시 씨, 쓰루타 카오리 씨, 데구치 하야부사 씨, 토가와 카에데 씨, 나카에비스 레이 씨, 나가타 코다이 씨, 나카무라 미키히로 씨, 난바라 요시히로 씨, 니시오 아키히로 씨, 네모토 마사토 씨, 험프리즈 히로에 씨, 후루야마 겐 씨, 호즈미 유스케 씨, 마츠오카 료 씨, 마츠모토 모토키 씨, 미야시로 카오리 씨, 미야타 하루카 씨, 미야모토 아츠시 씨, 무카이 유나 씨, Y.무쿠모토 씨, 모리타 아키라 씨, 모리모토 미치코 씨, 야마다 토모이치 씨, 요시다 다카시 씨, 와카바야시 카오리 씨, 정말로 감사합니다. 여러분이 지적해 주신 여러 가지의 작은 의견들이 쌓여 큰 힘이 되었고, 더 좋은 작품을 만들 수 있었습니다. 이 책의 언어에는 여러분의 마음이 깃들어 있습니다.

이 책의 일본어판 칼럼에 바로 '출연'을 결정해 주신 우주비행사 야마자키 나오코 씨, 전문적인 내용에 대한 조언을 주신 도쿄공업대학 히라노 테루유키 선생님, 나고야대학 고등연구원 미야타케 히로나오 선생님, 나고야대학 KMI 미나미

자키 아즈사 씨, 진심으로 감사합니다.

훌륭한 제작팀과 함께 일할 수 있던 것도 더할 수 없는 행운이었습니다. 일러스트레이터 도네가와 하츠미 씨는 최고의 파트너였습니다. 귀엽고 예술적인 일러스트를 많이 그려 주셨을 뿐만 아니라 내용이나 캐릭터에 관해서도 창조적인 아이디어를 많이 제공해 주셨습니다. 코르크의 나카야마 유히 씨는 생각이 막힐 때마다 적절한 힌트를 주어 여러 번 문제를 해결하게 도와주셨습니다. 코르크의 대표인 사도시마 씨를 시작으로 많은 분들께 매우 큰 도움을 받았습니다. SB크리에이티브 편집부 사카구치 씨는 이 책의 큰 비전을 이해해 주셨고 저의 고집스러운 이상을 실현시키기 위해 바쁘게 움직여 주셨습니다. 그리고 우주 메일 매거진 〈THE VOYAGE〉 편집장인 우메자키 카오루 씨. 때로는 광고 담당으로 작품의 광고를 도와주시기도 했고, 때로는 우주를 사랑하는 아이의 보호자로서 작품에 의견을 보태 주시며 많은 부분에서 활약해 주셨습니다. 한국어 판 출판을 위해서는 코르크의 이혜령 씨가 한국의 출판사와 교섭해 주는 한편 번역까지 직접 담당해 주셨습니다. 그녀의 노력이 없었다면 이 책을 한국의 아이들에게 전할 수 없었을 것입니다.

그리고 미짱. 책의 집필 때문에 주말에도 일이 바빠 아빠와 더 놀 수 없어서 울게 만든 적도 여러 번 있었습니다. 미안해. 일이 끝나면 마음껏 함께 놀자. 여행도 함께 가자. 제가 바쁘게 일하는 사이 아내는 미짱을 돌보는 한편 집안일도 모두 맡아 주었습니다. 정말 고마워요.

이 책도 미짱에게 바치고 싶습니다. 저의 미짱도, 세계 각국의 미짱들도 그 어떤 두려움 없이 자유롭게 꿈을 꿀 수 있는 세상이 되기를 기도합니다.

참고문헌

이 책은 아래의 책이나 논문, 자료를 참고로 했습니다.

Allday, Jonathan. 1999. Apollo in Perspective : Spaceflight Then and Now. CRC Press
Brzezinski, Matthew. 2007. Red Moon Rising : Sputnik and the Hidden Rivals That Ignited the Space Age. Times Books.
Clary, David A. 2003. Rocket Man : Robert H. Goddard and the Birth of the Space Age. Hachette Books.
Fulton, B.J., et al. 2017 "The California-Kepler Survey Ⅲ. A Gap in the Radius Distributions of Small Planets." The Astronomical Journal 154, no. 3.
Harford James. 1999. Korolev: How One Man Masterminded the Soviet Drive to Beat America to the Moon. New York : Wiley.
Lottman Herbert R. 1997. Jules Verne : An Exploratory Biography. St. Martin's Press.
Michael Neufeld. 2008. Von Braun : Dream of Space, Engineer of War. Vintage.
平野照幸.2017. 太陽系外惑星探査：見えてきた多様性とその起源・日本物理学会誌、72巻、2号
的川泰宣.2008.日本の宇宙開発の歴史～宇宙研物語 http//www.isas.jaxa.jp/j/japan_s_history/

UCHUNO HANASHIWO SHIYOU by Masahiro Ono

Copyright © 2020 Masahiro Ono

All rights reserved.

Originally published in Japan by SB creative Ltd.

Korean hard-cover translation rights in Korea reserved by Dongyangbooks Co., LTD.
under the license granted by Masahiro Ono arranged through Cork, Inc. and BC Agency.

이 책의 한국어판 저작권은 BC 에이전시를 통해 저작권자와 독점계약을 맺은 동양북스에 있습니다.
저작권법에 의해 한국 내에서 보호를 받는 저작물이므로 무단전재와 복제를 금합니다.

The 키우다 02

우주를 품은 아이

| **초판 1쇄 발행** 2022년 4월 29일 | **초판 2쇄 발행** 2022년 5월 20일

| **지은이** 오노 마사히로 | **옮긴이** 이혜령 | **일러스트** 도네가와 하츠미

| **발행인** 김태웅 | **책임편집** 이지은 | **디자인** syoung.k | **마케팅 총괄** 나재승 | **제작** 현대순

| **발행처** (주)동양북스 | **등록** 제 2014-000055호(2014년 2월 7일)

| **주소** 서울시 마포구 동교로22길 14 (04030)

| **구입문의** 전화 (02)337-1737 팩스 (02)334-6624

| **내용문의** 전화 (02)337-1763 이메일 dybooks2@gmail.com

| ISBN 979-11-5768-802-9 73400

• 잘못된 책은 구입처에서 교환해드립니다.